Go Vista
Info Guide

Madeira
& Azoren

von Gisela und Werner Tobias,
Gabriele Tröger und Michael Bussmann

Gisela Tobias, geb. 1940 in Ohlau (Schlesien), studierte Geschichte und Kunst, Lehrerin an verschiedenen Schulen. Neben Übersetzungen Arbeit an einem Forschungsprojekt zur Wissenschaftsgeschichte an der Universität in Évora.

Werner Tobias, Dipl.-Päd., geb. 1939 in Nordenburg (Ostpreußen), Studium der Erziehungswissenschaften, Psychologie, Philosophie, Soziologie und allgemeine Techniklehre. Hochschuldozent an der Universität Osnabrück. Er ist Autor einer Fernsehserie des WDR über Portugal.

Gabriele Tröger, 1972 in Arzberg (Fichtelgebirge) geboren, verbrachte schon während ihres Studiums der Journalistik und Turkologie viel Zeit in Istanbul. Bis heute ist die Bosporusmetropole ihre Lieblingsstadt geblieben. Zusammen mit Michael Bussmann verfasste sie insgesamt zwölf Reiseführer über die Türkei. Auch das schöne Madeira ist eines ihrer Spezialgebiete.

Michael Bussmann, 1967 in Esslingen am Neckar geboren, studierte Germanistik, Journalistik und Politikwissenschaft in Bamberg und lebt heute als freier Journalist in Berlin.

www.vistapoint.de

Inhalt

Willkommen & Top 10

❿ Top 10: Übersichtskarte .... vordere Klappe
❿ Top 10: Das sollte man gesehen haben .... hintere Klappe

Willkommen auf den Inseln im Atlantik 4

Chronik

Daten zur Geschichte 6

Stadttour Funchal

Ein Rundgang durch Madeiras Hauptstadt 10
Service-Informationen zu Funchal 18

Vista Points – Sehenswertes

Reiseregionen, Orte und Sehenswürdigkeiten

MADEIRA
Die Hauptinsel Madeira 24
Nebeninsel Santo Porto 43
AZOREN
São Miguel 46
Santa Maria 55
Terceira 58
Graciosa 62
São Jorge 64
Faial 67
Pico 70
Flores 75
Corvo 77

Service von A–Z

Madeira und Azoren in Zahlen und Fakten 78
Anreise 78
Automiete, Autofahren 80
Baden 81
Diplomatische Vertretungen 81
Einkaufen 82
Essen und Trinken 82
Feiertage, Feste 83
Flora und Fauna 84
Geld, Banken, Kreditkarten 85

Inhalt · Zeichenerklärung

Hinweise für Menschen mit Behinderungen	85
Internetzugang	85
Mit Kindern auf Madeira und den Azoren	85
Klima, Reisezeit, Kleidung	85
Medizinische Versorgung	87
Notfälle	87
Öffentliche Verkehrsmittel	87
Öffnungszeiten	87
Post	88
Sport und Erholung	88
Strom	88
Telefonieren	88
Unterkunft	89
Zeitzone	89
Zoll	89

Sprachführer

Die wichtigsten Wörter für unterwegs 90

Extras – Zusatzinformationen

Madeira, die Blumeninsel	18
Die Küche Madeiras	23
Der Wein von Madeira	28
Landwirtschaft	35
Levadas (Bewässerungsgräben)	37
Bolo de Mel – Ein »Honigkuchen« ohne Honig	40
Ein Exkurs in Flora und Fauna	42
Tourada à Corda – der Stierkampf am Strick	60
Peter Café Sport	68
Walbeobachtung und Schwimmen mit Delfinen	75
Register	94
Bildnachweis und Impressum	96

Zeichenerklärung

 Top 10
Das sollte man gesehen haben, s. vordere und hintere Umschlagklappe.

 Vista Point
Reiseregionen, Orte und Sehenswürdigkeiten

 Symbole
Verwendete Symbole s. hintere innere Umschlagklappe.

 Kartensymbol: Verweist auf das entsprechende Planquadrat der ausfaltbaren Landkarte bzw. der Detailpläne im Buch.

Willkommen auf den Inseln im Atlantik

Madeira und die Azoren – zwei Inselgruppen weit weg vom Mutterland Portugal im Atlantik. Einst waren sie wichtige Stationen auf dem Seeweg nach Afrika und Süd- bzw. Nordamerika. Für die segelnden Atlantiküberquerer sind sie es heute noch: Im Hafen von Funchal auf Madeira und besonders im Hafen von Horta auf der Azoreninsel Faial trifft man Segler aus vielen Ländern dieser Welt auf ihrem Weg über die Weiten des Meeres.

Der Archipel Madeira besteht aus neun verhältnismäßig dicht beieinanderliegenden Inseln, von denen mit Madeira und Porto Santo nur zwei bewohnt sind, sowie den unbewohnten Ilhas Selvagens ca. 230 Kilometer südlich von Madeira in Richtung Teneriffa.

Den Azoren-Archipel bilden die Inseln São Miguel, Santa Maria, São Jorge, Faial, Pico, Graciosa, Terceira, Flores und Corvo. Sie alle sind, wie der Madeira-Archipel, vulkanischen Ursprungs. Daran erinnert unter

anderem der Vulkan Pico auf der gleichnamigen Insel. Er ist der höchste Berg Portugals. Über 6000 Meter misst er vom Grund, aber nur 2351 Meter blicken aus den Fluten.

Beide Archipele waren unbewohnt, als sie von den Portugiesen besiedelt wurden. Heute sind es autonome Regionen, die ihre inneren Angelegenheiten weitgehend unabhängig von Lissabon regeln.

Wo es schöner ist – das ist schwer zu sagen. Beide Inselgruppen bezaubern durch eine üppig grüne Vegetation. Madeira schmückt sich mit dem Beinamen »Blumeninsel«, die Azoreninsel Flores trägt ihn. Madeira liegt südlicher, nahe an Afrika, daher ist das Wetter dort beständiger, und es ist wärmer. Die Azoren sind als Wetterküche Europas bekannt, die Hochs und Tiefs beeinflussen Wolken und Sonne auf dem Kontinent. Aber auch dort wird es niemals kalt.

Beide Inselgruppen haben eines gemeinsam: Es sind ideale Orte für einen Aktivurlaub, wo neben dem Wassersport besonders das Wandern im Mittelpunkt steht. Man müsste beide Archipele besuchen – es lohnt sich bestimmt. *Boas férias* – schöne Ferien!

Das Cabo Girão an der Südküste von Madeira gehört mit seinen 580 Metern zu den höchsten Küsten der Erde

Chronik

Daten zur Geschichte

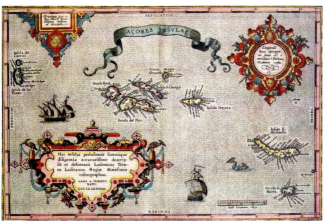

Karte der Azoren von Luís Teixeira (um 1584)

Vor 65–2,6 Mio. Jahren	500 Kilometer vor der Küste Nordafrikas, in rund 4000 Metern Tiefe, strömt Lava aus, die sich auftürmt und Berge formt – die Geburt Madeiras. Gleiches geschieht inmitten des Atlantiks, an einer Bruchstelle zwischen Eurasischer, Afrikanischer und Amerikanischer Platte – als erste Insel der Azoren erhebt sich dort Santa Maria aus den Fluten.
Ca. 60 n. Chr.	Der römische Historiker Plinius der Ältere (23–79) erwähnt erstmals den Madeira-Archipel, bezeichnet ihn als die »Purpurinseln«.
1351	Madeira taucht erstmals auf einer florentinischen Seekarte unter dem Namen *Isola della Lolegname* (Insel der Wälder) auf. Zur gleichen Zeit sind bereits mittelalterliche Seekarten im Umlauf, die auf Höhe der Azoren mehrere unbekannte Inseln zeigen.
1418–20	Besitznahme Madeiras durch João Gonçalves Zarco und Tristão Vaz Teixeira im Auftrag Heinrichs des Seefahrers für die portugiesische Krone. Erste Hauptstadt wird Machico.
1427–52	Entdeckung der Azoren durch die Schiffe Heinrichs des Seefahrers. Auch diese Inseln werden kurz darauf besiedelt und unter Lehnherrschaft gestellt.
1455	Beginn des Weinbaus mit Malvasier-Trauben (von Kreta) auf Madeira, kurze Zeit später auf den Azoren. Dort steht anfangs jedoch der Anbau von Färbepflanzen im Vordergrund.
1479–82	Christoph Kolumbus lebt auf Porto Santo und Madeira. Hier soll er die Idee für seine Entdeckungsreisen westwärts entwickelt haben.
1493	Auf seiner Amerika-Rückfahrt ankert Kolumbus vor Santa Maria. Die Einwohner halten ihn für einen Piraten und wollen ihn in Ketten legen.
1495–1521	Unter König Manuel I. erlebt Portugal seine große Blüte. Portugiesische Schiffe erobern die Weltmeere. Sie bringen

Daten zur Geschichte

	Gold und Gewürze aus den neuen Kolonien und nutzen die Inseln im Atlantik als Stützpunkte.
Ab 1513	Der Reichtum lockt Piraten. Bau der Befestigung São Lourenço in Funchal. Auch die bedeutenden Häfen der Azoren werden in der Folgezeit befestigt.
1516	Einweihung der Kathedrale Sé von Funchal.
1522	Ein schweres Erdbeben bringt Tod und Verwüstung auf der Azoreninsel São Miguel.
1570	Die Jesuiten kommen nach Madeira und auf die Azoren und machen sich um die Entwicklung der Inseln verdient.
1580–1640	Portugal steht unter spanischer Führung. Anfangs leisten mehrere Azoreninseln Widerstand gegen die Fremdherrschaft. Angra auf Terceira wird gar vorübergehend die Hauptstadt Portugals (bis 1583). Die Festungen werden weiter ausgebaut, denn wie die Spanier schätzen auch Piraten Madeira und die Azoren.
1673	Eine große Pestepidemie sucht São Miguel heim.
Ab 1700	Auf Madeira wird der Weinexport nach England zu einem bedeutenden Wirtschaftszweig. Amerikanische Walfangschiffe entdecken die Azoren.
1718 und 1720	Der Vulkan Pico auf der gleichnamigen Azoreninsel bricht aus. Viele Menschen verlassen daraufhin das Eiland.
1748	Ein starkes Erdbeben erschüttert Madeira.
1755	Ende der Sklaverei.
1760	Die Jesuiten müssen die Inseln wieder verlassen.
1775	Der berühmte Entdecker Captain Cook geht vor der Azoreninsel Faial vor Anker.
1801	Englische Truppen nutzen Madeira als Stützpunkt gegen Napoleon.
1813	Große Überschwemmungen in Funchal, danach beginnt man mit der Eindeichung der Flüsse.
1828–34	Während des portugiesischen Thronfolgestreits wird Angra auf Terceira zum zweiten Mal vorübergehend portugiesische Hauptstadt.

Heinrich der Seefahrer, Infant von Portugal, gilt als der Vater der Seefahrt und der Navigation

Chronik

1834	Säkularisierung. Verbannung aller Mönche von den Inseln, nur die Nonnen dürfen bleiben.
Ab 1851	Der Mehltau befällt zuerst auf Madeira, dann auf den Azoren die Reben. Ein paar Jahre später vernichtet auch die Reblaus zahlreiche Weinstöcke. Der Weinbau gerät in eine dauerhafte Krise. Viele Weinhändler verlassen die Inseln.
1858	Eine Choleraepidemie auf Madeira fordert 10 000 Tote.
1893	Auf Madeira wird die Zahnradbahn nach Monte eröffnet. Im selben Jahr steigt Horta (Faial) zum Zentrum der telegrafischen Kommunikation auf. Anfangs werden nur Wetterdaten über ein Unterwasserkabel nach Lissabon geschickt. Ein paar Jahre später ist Horta aber schon Schnittstelle zwischen der Alten und der Neuen Welt.
1897	Elektrisches Licht erreicht Funchal.
1910	Ende der portugiesischen Monarchie, in Lissabon wird die Republik ausgerufen.
1916/17	Bombardierung von Funchal durch die deutsche Luftwaffe. Französische Schiffe werden im Hafen von deutschen U-Booten versenkt.
1919	Erster Transatlantikflug (Trepassey Bay/USA–Lissabon). Albert Ried landet mit einem Wasserflugzeug im Hafen Hortas (Faial) und Ponta Delgadas (São Miguel) zwischen.
1921	Erster Flug mit einem Wasserflugzeug von Lissabon nach Funchal.
1926	Ein Militärputsch beendet die Republik.
1931	Durch die »Hungergesetze« wird den Feudalherren auf Madeira das Monopol für Mehlimporte verliehen. Es kommt zur »Hungerrevolte« aufgrund der schlechten Lebensmittelversorgung.
Ab 1933	Diktator Salazar (bis 1968) gründet den faschistischen Ständestaat *Estado Nova*. Salazar zeigt für die Azoren und Madeira wenig Interesse. Eine Abwanderung aufgrund wirtschaftlicher Not ist die Folge.
1936	Die Lufthansa nimmt mit dem Flugboot Zephir den planmäßigen Flugverkehr nach New York auf. Horta dient als Zwischenstopp auf dem langen Transatlantikflug.
1944	Während des Zweiten Weltkrieges (Portugal verhält sich neutral) bauen die US-Amerikaner auf der Azoreninsel Santa Maria eine Luftwaffenbasis, um Truppen und Kriegsmaterial über den Atlantik fliegen zu können. Bis in die 1960er Jahre, bevor die ersten Maschinen ohne Zwischenstopp den großen Teich überqueren können, gehen nahezu alle transatlantischen Flüge über Santa Maria.
1947	Aufnahme des Linienflugverkehrs mit Wasserflugzeugen zwischen Southampton, Lissabon und Funchal.
1957/58	Vulkanausbruch vor der Küste Faials, viele Einwohner fliehen in die USA.
1960	Eröffnung des Flughafens auf Porto Santo.
1964	Eröffnung des Flughafens auf Madeira.
1974	Die Nelkenrevolution beendet die Diktatur. Auf den von der Welt vergessenen Azoren formiert sich die FLA *(Frente de Libertação dos Açores)* und kämpft für die Unabhängigkeit der Inseln.
1975	Die Azoreaner können erstmals fernsehen (lediglich die

Daten zur Geschichte

	Einwohner von Flores und Corvo müssen noch bis 1986 darauf warten).
1976	Der Madeira-Archipel und der Azoren-Archipel erhalten den Status einer autonomen Region mit weitreichenden Selbstverwaltungsrechten. Auf Madeira wird Dr. Alberto João Jardim erster Präsident, auf den Azoren wird es Álvaro Monjardino. Hauptstadt Madeiras bleibt Funchal. Da man sich auf den Azoren nicht auf eine Hauptstadt einigen kann, leistet man sich drei: Ponta Delgada auf São Miguel, Angra do Heroísmo auf Terceira und Horta auf Faial. Beide Archipele geben sich auch eine eigene Flagge: Madeiras ist gelb-blau und trägt das Kreuz des Christusritterordens, die der Azoren ist weiß-blau mit einem Mäusebussard darauf, der von neun goldenen Sternen umrahmt wird.
1980	Ein schweres Erdbeben trifft die Zentralgruppe der Azoren, über 5000 Häuser stürzen ein, über 20 000 Menschen werden obdachlos.
1981	Der kommerzielle Walfang wird auf Madeira eingestellt, zwei Jahre später auch auf den Azoren. 1987 werden vor der Küste Picos die letzten drei Pottwale erlegt.
1986	EG-Beitritt des Landes. Portugal, das Armenhaus Europas, wird finanziell enorm unterstützt. Die Azoren profitieren gewaltig davon.
1993	Als letzte Insel der Azoren bekommt auch Corvo einen Flughafen.
Ab 1995	Auf Madeira wird das Straßennetz ausgebaut, aufgrund der Topografie der Insel ist das ein aufwendiges und teures Unterfangen. Bis heute wurden 107 Tunnel mit einer Gesamtlänge von rund 80 Kilometern gebaut.
1998	Auf Faial bebt die Erde, rund 500 Häuser stürzen ein. Bis zum heutigen Tag sind nicht alle Schäden behoben.
2000	Der Flughafen Madeiras wird weiter ausgebaut, die Landebahn über das Meer hinaus verlängert, damit auch Großraumjets landen können.
2006	In Ponta Delgada (São Miguel) wird mit dem Bau der *Portas do Mar* begonnen, eines Kais, an dem auch Kreuzfahrtschiffe anlegen können.
2007	»National Geographic« kürt nach der Befragung von 522 Experten die Azoren zum zweitschönsten Inselparadies der Welt. Gewinner sind übrigens die Färöer Inseln.
2012	Portugal geht es wirtschaftlich so schlecht, dass das Land mit 80 Milliarden Euros von der EU gestützt werden musste. Im Kampf gegen die Staatsverschuldung wurden die Überweisungen vom Festland nach Madeira und auf die Azoren gekürzt. ∎

Silvester im Traumschiff vor Madeira war schon 1938 ein ultimatives Erlebnis

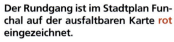

Ein Rundgang durch Madeiras Hauptstadt

Azulejos am Mercado dos Lavradores in Funchal

Der Rundgang ist im Stadtplan Funchal auf der ausfaltbaren Karte rot eingezeichnet.

Funchal ist mit seinen knapp 105 000 Einwohnern und über 900 000 jährlichen Besuchern nicht nur die größte Stadt des Archipels, es ist auch das wirtschaftliche, kulturelle, politische und gesellschaftliche Zentrum. Als ein guter Einstieg für Funchal und Madeira bietet sich der Besuch der ❶ **Markthalle** (Mercado dos Lavradores) an. Sie öffnet nicht nur früher als Museen, Kirchen und Geschäfte, hier findet man auch die ganze Blumen- und Früchtepracht der Insel konzentriert an einem Ort. Von den tropischen Früchten, die feilgeboten werden, stammen fast nur die kleinen, süßen Bananen von hier, die meisten anderen führt man ein. Auch handwerkliche Produkte wie Korbwaren und Lederarbeiten werden in der Markthalle verkauft. In einem separaten Teil warten Fischhändler auf Kunden mit heimischem Meeresgetier, vor allem mit Thunfisch und *Espada* (Degenfisch). Die Verkäufer sind auf die fremden Besucher eingerichtet: Sie offerieren Proben der vielen fremden Früchte – Papayas, Annonas, Philodendronfrüchte ... Freitags ist der Markt besonders bunt, dann kommen die Bauern von der Insel, um ihre Waren feilzubieten.

Unweit der Markthalle hat **Patricio**, wie der Betrieb allgemein nur genannt wird, seine Stickereimanufaktur. Das eigentliche Sticken geschieht in Heimarbeit in den Dörfern Madeiras, die Vorbereitung der Ware und die Nachbereitung erledigt man in der Manufaktur. Es wird auch heute noch sehr darauf geachtet, dass keine Maschinen eingesetzt werden. Dies schlägt sich selbstverständlich im Preis nieder. Bei Patricio kann man auf drei Etagen den Angestellten über die Schulter sehen. Im ersten Stock werden die Kartons (Schablonen) gemalt und gelocht, im zweiten Stock wird mithilfe der Kartons das Muster auf den Stoff übertragen und im dritten Stock erfolgt die Endbehandlung der gestickten Stücke: das Waschen, Besäumen, Ausschneiden der Durchbrüche und das Bügeln. Es gibt natürlich auch einen Verkaufsraum, gleich im Erdgeschoss.

300 Meter weiter auf derselben Straßenseite befindet sich das Museum des Stickereiinstituts **Museu do Bordado**. Hier sind viele alte Stücke ausgestellt, nicht nur Tischdecken, auch komplette Garderoben. Die Ausstellung ist sehr anschaulich aufgebaut und gibt gleichzeitig einen

Ein Rundgang durch Madeiras Hauptstadt

Einblick in die Salonkultur des 19. Jahrhunderts mit Möbeln, Geschirr, Gobelins, Spielen – laut Prospekt »ein Besuch im romantischen Madeira«. In einem speziellen Raum befindet sich auch noch eine größere Anzahl sehr sehenswerter Intarsienarbeiten auf Tischen und Truhen. Dieses Handwerk wird auf Madeira leider bald verschwunden sein, es gibt nur noch einen Tischler, der diese Kunst beherrscht.

Der Weg führt auf der Straßenseite zurück Richtung Meer bis zum **Largo do Pelourinho** und dort die Stufen hinunter. Der Platz ist neu gestaltet worden, der Pelourinho (Schandpfahl) stand sicherlich früher rechts auf dem älteren Teil des Platzes. Dieser Schandpfahl ist neueren Datums, der alte aus dem 15. Jahrhundert wurde 1835 abgerissen; die Reste werden im Museum Quinta das Cruzes aufbewahrt.

Ein paar Stufen führen hinauf zur Rua 31 de Janeiro, einer vierspurigen Straße, der ein kleiner Fluss sozusagen als Mittelstreifen dient. Eine venezianisch anmutende Brücke, die **Rampa do Cidrão** (Rampe des Zitronats), erstreckt sich über dem Wasserlauf auf ein stilisiertes Fenster zu, das den Blick in den neueren Teil der Stadt freigibt. Dieses Fenster findet man einige Meter weiter in dreifacher Ausführung in das Pflaster eingelassen.

Nach rechts zweigt die Rua Tanoeiros ab, die Straße der Gerber. Hier befinden sich immer noch einige Schuhgeschäfte. Der Straßenname Rua da Alfândega wiederum weist darauf hin, dass in ihr früher das Zollamt seinen Sitz hatte. Das wird durch die Bezeichnung des kleinen Platzes, Largo dos Varadores, unterstrichen – hier wurden die Schiffe an Land gezogen.

Der Besuch der Markthalle in Funchal ist ein Muss

Nach rechts öffnet sich die Praça Colombo, der Kolumbusplatz, mit der am anderen Ende stehenden Casa de João Esmeralda, auch bekannt unter dem Namen Casa de Colombo – das Haus des Kolumbus. Hier soll der Seefahrer während seines Aufenthaltes in Funchal gelebt haben. Das Gebäude hat viele Nutzungen erfahren, heute befindet sich hier das **Museu do Açúcar** (Zuckermuseum), das derzeit renoviert wird. Es zeigt, welche Bedeutung Zuckeranbau und -handel für die Insel hatten. Leider sind die Texte nur auf Portugiesisch. Im Keller ist eine Zuckerzisterne, ein *poço*, zu sehen. Originale Zuckerhüte, Keramikgefäße zum Formen derselben sowie Bilder aus der Zuckerproduktion runden die kleine Ausstellung ab. Auf einer Karte wird dargestellt, dass im 16. und 17. Jahrhundert Antwerpen der größte Abnehmer von Zucker war.

Von diesem Platz aus hat man den ersten Blick auf die **Kathedrale Sé** mit ihrem fliesenbedeckten Turm. Aber man sollte hier auch zu den umliegenden Häusern hochschauen, denn fast alle haben einen großen, turmähnlichen Aufbau. Dort befand sich jeweils der Platz für einen Ausguck, in dem man nach einlaufenden Schiffen Ausschau hielt, damit der Hausherr als erster mit den Seeleuten Handel treiben konnte.

Die Rua da Sé führt südlich an die Kathedrale heran. Am Straßenanfang steht links ein Gebäude, das mit seinen vergitterten Fenstern einem Gefängnis ähnelt. Heute residiert hier die königliche Versicherungsgesellschaft. Früher wickelte man hinter den Gittern die Geldgeschäfte des Zuckerhandels ab. Ein paar Meter weiter hat man den schönsten Blick auf die Sé, deren Apsis im manuelinischen Stil verziert ist.

König Manuel I. gab 1493 den Auftrag zum Bau der Kathedrale, 1516 fand die Einweihung statt. Das wohl Wertvollste an der dreischiffigen Kirche mit den acht Seitenaltären ist die aus Madeira-Zeder gefertigte und mit Elfenbeinintarsien verzierte Decke in der Vierungskuppel. Die Blumen- und Tiermotive entstammen den neu entdeckten Ländern; die Erde ist schon als Kugel dargestellt. Leider sind in der Dunkelheit die Details nicht sehr gut zu erkennen. Das Bild über dem Hochaltar stammt aus flämischer Schule und gelangte über den Zuckerhandel auf die Insel.

Wem es jetzt nach einem *café* oder *café douplo* dürstet, der findet einige Schritte in Richtung Hafen genug Angebote. Gleich in der ersten Gasse zur Rechten, in der Rua de João Gago, liegt die Pasteleria Penha d'Águia. Sie soll den besten Kuchen der Stadt anbieten.

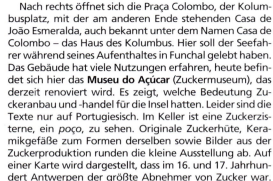

Nach der Überquerung der Avenida Arriaga führt der Weg weiter durch die schön gepflasterte Fußgängerzone Richtung **Rathausplatz** (Praça do Município). Dieser große Platz mit Ausblick auf die Berge (die zweitürmige Kirche ist die Kirche von Monte) und dem üblichen Kieselsteinmosaikpflaster wird von drei markanten Gebäuden begrenzt: im Süden vom Museu de Arte Sacra (Museum für sakrale Kunst), im Osten von der Câmara Municipal (Rathaus) und im Norden, ein wenig erhöht, von der Igreja do Colégio, einer ehemaligen Jesuitenkirche aus dem 17. Jahrhundert. Im Westen runden Geschäftshäuser, vor denen jeweils zwei Kapokbäume (auch Wollbaum genannt) stehen, die je nach Jahreszeit rosa Blüten oder große grüne Früchte tragen, das Ensemble ab. Die »Watte« aus den Früchten wurde vor der Erfindung des Schaumgummis als Polstermaterial für Matratzen und Polstermöbel benutzt. Der Baum zwischen Rathaus und Museum ist ein rot blühender Tulpenbaum. Das Gebäude mit der goldenen Justitia davor, das sich zwischen dem Rathaus und der Kirche aufdrängt, wurde in der Salazar-Zeit als Justizpalast errichtet.

Das Gebäude des **Museu de Arte Sacra** stammt aus dem 17. Jahrhundert und diente früher als Bischofssitz. Ein Besuch im erst 1955 eröffneten Museum lohnt sich, denn alle ausgestellten Stücke sind von hervorragender Qualität. Gezeigt wird portugiesische Kunst vom 16. bis zum 18. Jahrhundert: Silberwaren, Altarschmuck, Malerei und Skulpturen. Im Mittelpunkt steht die bedeutende Sammlung flämischer Kunst aus dem 15. und 16. Jahrhundert, die im Rahmen des Zuckerhandels ihren Weg von Antwerpen auf die Insel fand, da die Flamen den Zucker zum Teil mit Bildern bezahlten.

aC3

Das **Rathaus** (Câmara Municipal), das Mitte des 18. Jahrhunderts als Stadtpalais in Auftrag gegeben wurde, ist von außen ein schmuckloser Bau, der nur durch die schwarzen Fenstersimse aufgelockert wird. Man sollte jedoch einen Blick hineinwerfen. Die Aufgänge sind mit blau-weißen Fliesen verziert, im Zentrum des mit schwarzen Kieselsteinen gepflasterten Innenhofs steht eine Leda-Statue mit Schwan. In der griechischen Mythologie verkörpert der Schwan den Göttervater Zeus.

aB/ aC3

Das schlichte Äußere der **Colégio-Kirche** täuscht über den Reichtum des Innenraums hinweg: üppiger *Talha*-Schmuck

aB/aC2

Im Innenhof des Rathauses von Funchal

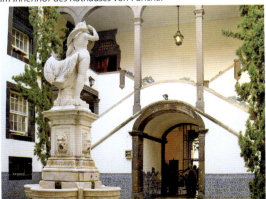

(vergoldete Holzschnitzereien) am Haupt- und den Seitenaltären, fliesenverkleidete Wände und Marmorintarsien an den Rundbögen der Seitenkapellen, eine ausgemalte tonnenartige Holzdecke. Ein Teil der Bilder sind flämischen Ursprungs aus dem 15. und 16. Jahrhundert.

Wer einen Blick in das **Fotomuseum Vicentes** (Museu de Fotografia Vicentes) werfen möchte, geht von der Rua Pestana ein paar Meter weiter in die Rua da Carreira. Vicentes gründete 1848 das erste Fotostudio auf der Insel. 380 000 Negative lagern in den Beständen. Die ausgestellten Fotos zeigen das Madeira des letzten Jahrhunderts. Für diese sollte man ein wenig Zeit mitbringen.

Weniger fotointeressierte biegen in die Rua das Pretas ab. Hier ist Vorsicht geboten: Wie in vielen Nebenstraßen Funchals gibt es auch hier keinen Bürgersteig und die Autos fahren zum Teil recht forsch. Die Gasse führt direkt zur Igreja de São Pedro, auf deren fliesenverkleideter Turmspitze sich ein Hahn befindet, und zum Palácio de São Pedro, der jetzt als **Museu Municipal** ein Seewasser-Aquarium und das Naturkundemuseum beherbergt. Das Aquarium gibt einen guten Einblick in die regionale Wasserwelt. Das Museum im zweiten Stock macht einen etwas verstaubten Eindruck. Es zeigt die große Vielfalt an Meerestieren – vom Wal bis zum Krebs – sowie sehr viele Vogelarten in ausgestopfter Form – sehenswert für biologisch Interessierte. Ein Modell der Insel und eine geologische Karte runden die Ausstellung ab. Viele Beschriftungen sind auch auf Deutsch. Das Gebäude selbst zeugt vom Lebensstil der reichen Handelsherren vergangener Tage. Es beherbergt zusätzlich die städtische Bibliothek.

Die **Igreja de São Pedro**, ein schönes Beispiel für den portugiesischen Barock, ist auf Grund des Talha-Schmucks und vor allem wegen der fliesengeschmückten Wände aus dem 17. Jahrhundert sehenswert. Man sollte die Sakristei nicht übersehen.

Das Nachbargebäude des Palastes an der Gasse Calçada de Santa Clara beherbergt das **Museu Frederico de Freitas**. Es wurde von Frederico de Freitas gestiftet, der bis zu seinem Tode 1978 hier lebte. Er sammelte die verschiedensten kunsthandwerklichen Gegenstände, besonders Fliesen. Seine Fliesenkollektion soll neben der des Fliesenmuseums in Lissabon die wertvollste Portugals sein.

Weiter nördlich liegt das **Convento de Santa Clara** mit der Kirche Santa Clara, die ganz mit Fliesen verziert ist. Klingelt man an dem Tor oberhalb der Kirche, sind die Bewohnerinnen des Konvents gern bereit, das Gebäude gegen einen freiwilligen Obolus zu zeigen. Nach dem Eintritt in den Hof sollte man nicht versäumen, sofort rechts hinter dem Tor an der Rinde des Zimtbaumes zu schnuppern – nicht die Frucht, sondern die Rinde liefert den Zimt.

Das Kloster gehört zu den ältesten Gebäuden der Insel. Es wurde vom Sohn des ersten Inselgouverneurs, João

Ein Rundgang durch Madeiras Hauptstadt

Gonçalves da Câmara, Ende des 15. Jahrhunderts als Klarissenkloster erbaut. Durch eine geschickte Politik gehörte der Orden bald zu den einflussreichsten Grundbesitzern der Insel. Umbauten im 17. Jahrhundert haben die ursprüngliche Architektur zum größten Teil verändert. Das gotische Nordportal gehört zu den ältesten Stücken. Im Hochchor liegen die Gebeine João Gonçalves Zarcos und von Mitgliedern seiner Familie.

Hinter den Holzgittern an der Rückseite des Kirchenschiffes befinden sich zwei übereinander angeordnete Kapellen für die Nonnen, um sie vor den Blicken der Gemeinde zu schützen. Im Chor der Klarissen (1736) wurden vor einigen Jahren unter dem Holzfußboden grüne Fliesen maurischer Herkunft freigelegt. Die Farbe Grün ist die des Propheten Mohammed, und das ausgerechnet in einer christlichen Kirche. Früher kannte man anscheinend weniger Berührungsängste zwischen den Religionen. Seit 1928 leben im Kloster Franziskanerinnen, die heute einen Kindergarten betreiben.

Nur ein paar Meter die Straße aufwärts liegt die **Quinta das Cruzes**. Das Herrenhaus soll das Wohnhaus des Inselentdeckers Zarcos gewesen sein. Von dem Gebäude ist nach einem Erdbeben wenig übrig geblieben. Fragmente können im Museumspark angeschaut werden. Das aktuelle Gebäude stammt aus der zweiten Hälfte des 18. Jahrhunderts und dient seit 1953 als Museum. Ausgestellt sind Porzellan, Kunstgegenstände aus aller Welt – und Möbel aus Zuckerkisten. Eine Zeitlang war es Mode, aus den brasilianischen Mahagoni-Holzkisten Möbel zu fertigen. In der sehr gepflegten Parkanlage wachsen außerdem südländische Pflanzen und Bäume in einem offenen Gewächshaus sowie eine große Anzahl von Frauenschuh-Orchideen.

Angler nahe der Festung de São Tiago in Funchal

Stadttour Funchal

Treffpunkt der Madeirenser: die tempelartig umbaute Quelle am Largo da Fonte in Monte oberhalb von Funchal

Auf dem Rückweg lohnt sich ein kurzer Abstecher an der unteren Gartenmauer des Museums Richtung Westen. Nach etwa 100 Metern hat man von einem Aussichtspunkt einen schönen Blick über die Unterstadt mit dem Hafen.

Zurück an der Kirche São Pedro geht es in der Rua do Surdo vorbei an einem alten Speicherhaus und durch die Travessa do Freitas auf den Stadtpark São Francisco zu. Die Rua Nova de São Pedro gibt noch einen Blick frei in den älteren Teil Funchals: eine kieselgepflasterte Straße ohne Bürgersteige mit kleinen Häusern und Balkonen sowie vielen Blumen. In der Mittagszeit wehen Schwaden von Knoblauch aus den Küchen. Zum Park führt eine Rampe mit angedeuteten Stufen hinunter. Früher wurde alles über diese Rampen per Schlitten transportiert. Einige Steine sind dadurch im Laufe der Jahre flach abgeschliffen worden.

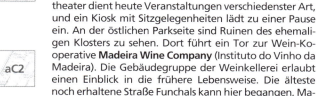

Der **Jardim São Francisco** ist eine Oase im Zentrum der Stadt. An der Stelle dieses Parks stand noch bis zum Ende des 19. Jahrhunderts ein Franziskanerkloster. Ein Amphitheater dient heute Veranstaltungen verschiedenster Art, und ein Kiosk mit Sitzgelegenheiten lädt zu einer Pause ein. An der östlichen Parkseite sind Ruinen des ehemaligen Klosters zu sehen. Dort führt ein Tor zur Wein-Kooperative **Madeira Wine Company** (Instituto do Vinho da Madeira). Die Gebäudegruppe der Weinkellerei erlaubt einen Einblick in die frühere Lebensweise. Die älteste noch erhaltene Straße Funchals kann hier begangen, Madeira-Wein probiert oder über 50 Jahre alter Wein gekauft werden. In einem Museum kann man sich über die Geschichte der Weinkelterung informieren.

Der Avenida da Arriaga folgt man stadtauswärts bis zum Rondell mit dem Springbrunnen und der von vier Pferden getragenen Armillarsphäre in der Mitte. Von der gegenüberliegenden Seite grüßt Heinrich der Seefahrer,

Ein Rundgang durch Madeiras Hauptstadt

der die Besiedlung der Insel veranlasst hat. Ihm ist auch die Initiative zum Weinanbau zu verdanken. Die mit Bäumen gesäumte Avenida do Infante steigt ein wenig an. Links am Ende des Parks Santa Catarina liegt die rosa gestrichene **Quinta Vigia**, heute Sitz der Regierung Madeiras. Während der Bürozeiten kann man den Garten um die Quinta besichtigen. Lassen Sie sich nicht von dem Polizisten am Eingangstor abschrecken. Pferdeliebhaber werfen von der Straße her einen Blick auf die Schornsteine der Nebengebäude: Jede Windfahne ist mit einem anderen Pferdemotiv gestaltet.

Den **Park Santa Catarina** sollte man Richtung Hafen durchqueren. Unterhalb der Gartenmauer der Quinta stehen zwei Museumsstücke, eine Fowler-Dampfstraßenwalze aus Leeds und eine über einen Dieselmotor angetriebene Weinpresse. Beide Maschinen werden von Kindern begeistert als Spielzeuge angenommen. Aus dem Park hat man mit der Nachmittagssonne wunderschöne Ausblicke auf die bis zu 1600 Meter hohen Berge und das Meer, bis hin zu den Ilhas Desertas, den öden, unbewohnten Inseln. Im unteren Teil des Parks steht die immer verschlossene **Capela de Santa Catarina.** Das aus dem Jahre 1425 stammende Gotteshaus ist das älteste Madeiras und wurde von der Gemahlin Zarcos, des Madeira-Entdeckers, in Auftrag gegeben. Das Taufbecken steht draußen unter dem Vordach. Ein sehr schöner Foto-Aussichtspunkt ist der Abgang in Richtung Hafen. Im Winter spaziert man unter Weihnachtssternen, im Sommer unter Bougainvilleen die Stufen hinunter. Die vielen Restaurants an der Marina warten auf hungrige Gäste.

Wer sich einen Überblick über das Kunsthandwerk Madeiras und Portugals verschaffen möchte, kann dies sehr gut in der **Casa Turista** an der Ecke Avenida do Mar/Rua do Conselheiro José Silvestre Ribeiro tun. Hier findet sich alles, was das Touristenherz begehrt.

Oberhalb der Stadt liegt der Ortsteil ❷ **Monte**, heute bequem per Seilbahn zu erreichen. Die Fahrt ist schon wegen der großartigen Aussicht ein Erlebnis. Überragt wird Monte von der Kirche **Nossa Senhora do Monte**, von der man einen weiten Blick über die Stadt und die Bucht von Funchal hat. In der Kirche wurde 1922 der letzte Regent der Donaumonarchie, Karl I., der hier im Exil lebte, beigesetzt. Außerdem sollte noch der außergewöhnliche tropische Garten von **Monte Palace** mit seinen vielen Blumen- und Pflanzenarten erwähnt werden. Ein Museum über Mineralien und zeitgenössische Bildhauerei von Simbabwe ist in den Park integriert.

Den Rückweg in die Innenstadt kann man mit dem Korbschlitten antreten, leider ein nicht ganz billiges Vergnügen. ■

Königsprotea im Jardim Tropical Monte Palace (Funchal)

Service-Informationen zu Funchal

Fremdenverkehrsbüro
Av. Arriaga, 16, 9004-519 Funchal
✆ 291 21 19 02, www.turismomadeira.pt
Mo–Fr 9–20, Sa/So 9–18 Uhr
Das Angebot ist sehr dürftig. Außer einer nicht besonders guten Landkarte gibt es kein Material.

Unter **www.madeira-live.com/de/madeira-museums.html** (deutsch) sind alle Museen Madeiras beschrieben.

Casa Museu Frederico de Freitas
Calçada de Santa Clara, 7
✆ 291 20 25 70, Di–Sa 10–17.30 Uhr
Kunsthandwerkliche Gegenstände und Fliesen.

Fortaleza de São Tiago e Museu de Arte Contemporânea (Festung São Tiago und Museum für Moderne Kunst)
Rua do Portão de São Tiago
✆ 291 21 33 40, Di–Sa 10–12.30 und 14–17.30 Uhr
Festungsbau aus dem 17. Jh. mit Museum für zeitgenössische portugiesische Kunst ab ca. 1960.

Madeira Story Center
Rua Don Carlos I, 2 (an der Talstation der Seilbahn)
✆ 291 00 07 70, www.storycentre.com, tägl. 10–18 Uhr
Eine Initiative der Blandy's Gesellschaft zur Darstellung der Geschichte Madeiras. Sehr gut aufgebaute Ausstel-

---

Madeira, die Blumeninsel

Vor etwa 200 Jahren hat man begonnen, heimische und aus der ganzen Welt zusammengetragene Blumen und Pflanzen systematisch in Gärten, Parks und auch an Weges- und Straßenrändern anzupflanzen. Der größte Teil der Arten stammt aus Übersee. Dank des milden Klimas blüht es zu jeder Jahreszeit. Die vielen Parks und botanischen Gärten legen ein Zeugnis davon ab. Hotels wetteifern um die schönsten Gärten. Madeiras Stolz ist der blau blühende Natternkopf *(Echium candicans)*, die aparte Strelitzie, die eigentlich aus Südafrika stammt und erst Mitte des 19. Jh. eingeführt wurde, ist die Nationalblume. Eine besondere Rolle spielen auch Orchideen, für die österreichische Einwanderer extra einen Park angelegt haben. Orchideen als Blüten und Pflanzen werden auch gerne als Souvenir mitgenommen.

Der »Stolz von Madeira«, der Natternkopf

Ein Höhepunkt des Jahres ist das im April (meist in der zweiten Monatshälfte) stattfindende Blumenfest. Dann wird die Hauptstadt mit Millionen von Blüten geschmückt und ein bunter Blumenkorso zieht durch die Stadt.

lung, auch mit deutschen Texten. Wer sich ein wenig für die Geschichte interessiert, sollte hier vorbeischauen.

Museu de Arte Sacra (Museum für sakrale Kunst)
Rua do Bispo, 21
✆ 291 22 89 00, Di–Sa 10–12.30 und 14.30–18, So 10–13 Uhr
Silberwaren, Altarschmuck, bedeutende Sammlung flämischer Kunst aus dem 15. und 16. Jh.

Museu do Açúcar (Zuckermuseum)
Praça Colombo, 5
Zzt. wegen Renovierung geschl., sonst Mo–Fr 10–12.30 und 14–18 Uhr

Museu da Fotografia Vicentes
Rua da Carreira, 43, Funchal
✆ 291 22 50 50, Mo–Fr 10–12.30 und 14–17 Uhr
Historische Fotos der Insel ab dem 19. Jh.

Museu Henrique e Francisco Franco
Rua de João de Deus, Funchal
✆ 291 23 06 33, Mo–Fr 10–18 Uhr
Malerei und Bildhauerei der Brüder Franco vom Beginn des 20. Jh. Beide sind in Funchal geboren und haben viele Jahre in Paris gearbeitet.

Museu do Instituto do Bordado, Tapeçarias e Artesanato
Rua Visconde do Anadia, 44 (2. Stock)
✆ 291 22 31 41, Di–Fr 10–12.30 und 14–17.30 Uhr
Museum des Instituts für Stickerei, Teppiche und Kunsthandwerk.

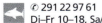

Monte Palace
Caminho do Monate, 174, im Jardim Tropical
✆ 291 78 47 56
Tägl. 10–16.30 Uhr
Mineralien und zeitgenössische Bildhauerei aus Simbabwe.

Museu Municipal
Rua da Mouraria, 31
✆ 291 22 97 61
Di–Fr 10–18, Sa/So 12–18 Uhr
Der Palast beherbergt das **Seewasser-Aquarium** und das **Naturkundemuseum**.

Museu Quinta das Cruzes
Calçada do Pico, 1
✆ 291 74 06 70
Di–Sa 9–12.30 und 14–17.30, So 10–13 Uhr
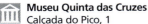
Der Museumskomplex besteht aus mehreren Gebäuden und einer Gartenanlage. Die Sammlung enthält Porzellan und Möbel. Der Garten dient als archäologischer Park.

Service-Informationen

Auf dem Blumenmarkt in Funchal

Museu do Vinho da Madeira
(Museum des Madeira-Weins)
Im Gebäude des Instituto do Vinho da Madeira
Rua 5 de Outubro, 78
✆ 291 20 46 00
Mo–Fr 9–18, Sa 10–13 Uhr
Malereien, Fotografien von Gerätschaften für Anbau und Herstellung des Madeira-Weins.

Igreja do Colégio (Jesuitenkolleg)
Praça Município
✆ 291 23 35 34
Mo–Fr 10–18, Sa 15–18, So 9–13 und 18.30–20.30 Uhr
Ehemalige Jesuitenkirche aus dem 17. Jh.

Igreja e Convento de Santa Clara
Calçada de Santa Clara, 15
✆ 291 74 26 02, Kirche: Mo–Sa 7–11, So 8–12 Uhr
Kloster: Mo–Sa 10–12, 15–17 Uhr
Kloster aus dem Ende des 15. Jh.

Kathedrale Sé
Tägl. (von der Frühmesse) 7–12.30 und 15.30–19.30 Uhr (Ende der Abendmesse)

❶ Mercado dos Lavradores
Largo dos Lavradores
Mo–Do 8–19, Fr 7–20, Sa 7–14 Uhr
Der Besuch der Markthalle in Funchal ist ein Muss, besonders am Freitagvormittag, weil dann die Inselbauern ihre Produkte anbieten. Jeden ersten Di im Monat werden unter dem Motto: Probieren Sie einen Cocktail aus regionalen Produkten *(Venha ao Mercado provar um cocktail de produtos regionais)* auf dem Markt Cocktails angeboten.

Funchal

Jardim Botânico da Madeira
Caminho do Meio, Bom Sucesso, 3 km außerhalb der Stadt (Buslinien 29, 30 und 31)
℅ 291 21 12 00, tägl. 9–18 Uhr
Auf einer Fläche von ca. 5 ha und mit einem Höhenunterschied von 150 bis 350 m wird die ganze Pracht der Flora Madeiras gezeigt.

J10

Jardim Palheiro Ferreiro/Blandy's Garden
Rua da Estelagem, 23, São Gonçalo, 10 km nördlich an der Straße von Funchal nach Camacha
℅ 291 79 30 44, Mo–Fr 9–16.30 Uhr
Der subtropische Garten gilt als schönster Privatgarten Madeiras.

J11

Jardim Tropical Monte Palace
Eingang vom Caminho do Monte, 174 oder vom Caminho das Babosas, 4
℅ 291 78 47 56, tägl. 9.30–18 Uhr
Ein besonders sehenswerter Park in Monte ist der tropische Garten am Monte Palace Hotel, u.a. mit Cycas-Pflanzen, Azaleen und vielen Erikaarten. Von dort hat man einen sehr schönen Blick auf Funchal und den Hafen.

H10

Pregetter Jardim Orquída
Rua Pita da Silva, 37, 3 km außerhalb der Stadt in der Nähe des Botanischen Gartens (Buslinien 29, 30 und 31)
℅ 291 23 84 44, www.madeiraorchid.com
Tägl. 9–18 Uhr
1905 gegründeter privater Orchideengarten, ein reiner Schaubetrieb mit einem tropischen Biotop.

J10

Quinta Magnólia
Rua Dr. Pita, 15
℅ 291 76 45 98, tägl. 8–20 Uhr
Der Park gehörte einst einer englischen Familie und diente als Country Club. Nun befindet sich hier ein Freizeitpark mit sportlichen Einrichtungen.

J9

Bitte einsteigen zur Korbschlittenfahrt von Monte hinunter nach Funchal

Service-Informationen

Korbschlittenfahrt
📞 291 78 39 19, Mo–Sa 9–18, So 9–13 Uhr
Am Fuße der Treppe der Kirche Nossa Senhora do Monte starten die traditionellen Korbschlittenfahrten hinunter nach Funchal. Dieses historische Transportmittel ist heute nur noch eine touristische Attraktion. Jeweils zwei Personen können in einem Schlitten mitfahren. Die Strecke ist gut zwei Kilometer lang, die Fahrt dauert ca. zehn Minuten und endet ca. drei Kilometer von der Stadtmitte entfernt. Die Korbschlittenfahrt lässt sich gut mit einer Seilbahnfahrt nach Monte kombinieren.

Adegas de São Francisco
Avenida Arriaga, 28
Nebeneingang Rua de São Francisco, 10
📞 291 74 01 10, Mo–Fr 9–19, Sa 10–13 Uhr
Führungen auf Deutsch: Mo–Fr 10.30, 14.30 und 15.30 Uhr
Im Weinkeller São Francisco mit Museum zur Weinherstellung kann man Madeira-Wein probieren und kaufen.

Teleféricos da Madeira
📞 291 78 02 80, tägl. 10–18 Uhr, letzte Fahrt 17.45 Uhr
Eine Seilbahn verbindet die Altstadt von Funchal mit Monte. Die Basisstation liegt im Park Almirante Reis direkt in der Altstadt, die Bergstation liegt am Caminho das Babosas. Die Fahrt bietet sehr schöne Panoramablicke.

Armazém do Sal
Rua da Alfândega, 135
📞 919 13 44 11 (mobil), Mo–Fr 12–15 und 18.30–23, Sa 18.30–23 Uhr
Hier wird die gehobene Küche Madeiras zu noch zivilen Preisen geboten. €€–€€€

In der **Zona velha** hinter der Markthalle gibt es eine Reihe von Restaurants, die zum größten Teil auf Touristen eingestellt sind und in der Regel besser und günstiger sind als die im Lidobereich.

Adega Regional do Velhinho
Rua Don Carlos I, 32, hinterer Eingang von der Rua de Santa Maria 84, 📞 291 22 48 99
Hier kümmert sich der Chef selbst um alle Belange des Hauses, kauft u.a. auch ein. Madeirenser Tafelwein, der nicht immer angeboten wird, und hausgemachter Nachtisch *(sobremesa)* runden das Angebot bei moderaten Preisen ab. Hier trifft man auch Einheimische. €€

Restaurante Tropicana
Rua Don Carlos I, 43
📞 291 22 57 05, 291 22 86 28
Die Küche ist internationaler ausgerichtet als im Adega und gut, die Bedienung aufmerksam. €€

Funchal

Die Küche Madeiras

Die portugiesischen Siedler haben ihre Küche und Essgewohnheiten mitgebracht, aus denen sich im Verlauf der Zeit besondere Eigenarten herausgebildet haben. Fisch in jeder Form steht im Mittelpunkt, der wichtigste ist der *Espada*, der Degenfisch, der in Tiefen bis zu 2000 Metern lebt. Es gibt den schwarzen und den selteneren, dabei besser schmeckenden weißen Espada. Es soll 365 verschiedene Rezepte der Zubereitung geben, für jeden Tag des Jahres ein anderes, u.a. mit Bananen oder Maracujasaft gekocht.

Der wichtigste Fisch der Madeirenser Küche ist der »Espada«, der Degenfisch

Eine andere Spezialität ist der Thunfisch. Dem *bife de atum* (Thunfischsteak) ist oft nicht anzumerken, dass es sich um Fisch handelt. Wie im Mutterland wird auch der Stockfisch oder *bacalhau* gern gegessen. *Caldeirada de peixe*, Fischeintopf, findet man auf fast jeder Speisekarte. Die meisten der angebotenen *mariscos*, Meeresfrüchte, sind importiert.

Der *Espetada*, wegen seiner ähnlichen Schreibweise von Besuchern leicht mit dem Degenfisch, Espada, verwechselt, ist ein Spieß aus frischem Lorbeerholz, traditionell mit Schweinefleisch und Gemüse bestückt. Das Holz verleiht dem Fleisch einen eigenen Geschmack. Solche Spieße werden oft auch in Buden angeboten, besonders bei Festen und Außenveranstaltungen. Der ursprüngliche Lorbeerspieß ist heute durch einen Metallspieß ersetzt, man würzt dafür mit Lorbeerblättern.

Eine weitere Spezialität ist die *Sopa de Tomate*, die Tomatensuppe, die in vielen Varianten angeboten wird. Als Beilagen gibt es neben gekochten Kartoffeln oder Pommes Frites, Süßkartoffelbrei und frittierte Würfel aus Maismehl und Kräutern *(milho)*.

Bananen sind auf Madeira weit verbreitet, deshalb finden sie bei vielen Gerichten, denen sie durch ihre Süße ein besonderes Aroma geben, Verwendung. Aus Venezuela zurückgekehrte Auswanderer haben die Rezepte mitgebracht.

Zum Abschluss der Mahlzeit, die mit einem der zahlreichen, zum Teil sehr süßen Desserts endet, kann man zum Kaffee einen *Poncha* trinken. Das ist ein Mixgetränk aus Zuckerrohrschnaps *(Aguardente de Cana)*, Zitronensaft und Honig. Der Zuckerrohrschnaps wird auf der Insel gebrannt. Kuchen sind oft mit Maracujasaft getränkt.

Das ganze Jahr über gibt es Ausstellungen regionaler Produkte, Spezialitätenmärkte und gastronomische Wochen. Sie sind ausgezeichnete Gelegenheiten, die vielseitigen regionalen Produkte und die ethnografischen Traditionen Madeiras kennenzulernen.

Restaurante Paradise
Estrada Monumental, 179
Lido im westlichen Funchal
✆ 291 76 25 59, 291 76 62 58
Gemütliche Atmosphäre, gute Küche und aufmerksame Bedienung. Die Terrasse liegt hoch über der Steilküste.
€€ ■

J9

Vista Points – Sehenswertes

Reiseregionen, Orte und Sehenswürdigkeiten

Sturmumtoste Steilküsten, wilde Bergwelt und spektakuläre Küstenstreifen – Madeiras Schönheit lebt von Kontrasten

Die Hauptinsel Madeira

Die Inselgruppe Madeira, bestehend aus der Hauptinsel Madeira, aus der Insel Porto Santo und den kargen, unbewohnten Ilhas Desertas, ist vulkanischen Ursprungs. Der Fuß der Inseln liegt 4000 m unter dem Meeresspiegel. Die beiden höchsten Berge befinden sich auf der Hauptinsel Madeira: Pico Ruivo (1861 m) und Arieiro (1818 m).

Im Westen schließt sich an die Gebirgskämme auf etwa 1450 m Höhe die Hochebene Paúl da Serra an. Die Fläche besteht zum größten Teil aus einem Hochmoor, das im Winter besonders versumpft ist. Das Wasser läuft in zahlreichen Bächen nach Süden und Norden, an Steilabhängen fallen sie als Wasserfälle hinab. An über 300 Tagen im Jahr herrscht dort Nebel. Die starken Winde hier oben werden für Windkraftanlagen genutzt.

95 Prozent der Insel Madeira sind Steilküste, das Cabo Girão gehört mit seinen 580 m zu den höchsten Küsten der Erde. Es gibt nur wenige kurze Strände auf der Insel, sie bestehen, bis auf eine Ausnahme, aus schwarzem Sand und Kieselsteinen. Auf Porto Santo dagegen, durch einen 2300 m tiefen Graben von Madeira und den Ilhas Desertas getrennt, beherrscht ein neun Kilometer langer gelber Sandstrand die Südküste.

Die Hauptinsel Madeira

Calheta

Calheta liegt an der westlichen Südküste der Insel. Die Gemeinde ist die flächenmäßig größte der Insel. Sie besteht aus den Ortsteilen Arco da Calheta, Esteito da Calheta und Calheta. Calheta ist der Hauptort, der schon 1502 die Stadtrechte erhielt. Eine der Attraktionen der Stadt ist der – wenn auch künstlich aufgeschüttete – helle Sandstrand, eine Rarität auf der Insel. Ein Yachthafen befindet sich nebenan. Der Ort selbst ist verstreut an den Hang geschmiegt, der Tourismus spielt sich ein wenig außerhalb um ein großes Hotel am Strand ab.

Ein herrschaftliches Haus aus dem 16. Jh., die **Casa das Mudas**, das einer Enkeltochter des Inselentdeckers gehörte, hat man zu einem Kunstzentrum umgestaltet. In einem sehenswerten modernen Anbau finden wechselnde Ausstellungen, Tagungen, Theateraufführungen und andere Veranstaltungen statt.

Calheta ist ein landwirtschaftliches Zentrum, dessen Schwerpunkt im Zuckerrohranbau liegt. Von den ehemals zehn **Brennereien** arbeitet heute noch eine. Gebrannt wird im April oder Mai, die Anlage kann aber das ganze Jahr über besichtigt werden. Gleich neben der Brennerei liegt die **Pfarrkirche**, mit deren Bau 1430 begonnen wurde. Die Kirche zeichnet sich durch die zwölf in Holz geschnitzten Apostel auf einer Empore, die Fliesen aus dem 19. Jh. und eine seltene Deckenverzierung im spanisch-maurischen Stil aus der ersten Hälfte des 16. Jh. im Altarraum aus.

Der Küstenort **Jardim do Mar** ist auf Grund der sehr eindrucksvollen Wellen ideal für Surfer. Der Dorfname »Garten des Meeres« rührt von der üppigen Vegetation, die dieses Dorf umgibt. Das unweit gelegene **Paúl do Mar** ist ein wichtiges Fischereizentrum der Insel. Früher war der Ort nur über das Meer zu erreichen, erst die Ende der 1960er Jahre angelegte Straße nach Fajã da Ovelha machte ihn zugänglicher. Diese Straße führt in endlosen Nadelkurven durch ein enges Tal. Ob hinauf oder hinab, diese Fahrt ist ein Erlebnis. An einem Hang in 600 m Höhe liegt **Prazeres**, ein kleiner Ort, in dem die Zeit stehen geblieben zu sein scheint. Zwischen Prazeres und Paúl do Mar gibt es einen alten Verbindungspfad. Der Abstieg zum Meer dauert etwa eine Stunde.

Am westlichsten Punkt der Insel stößt man auf **Ponta do Pargo**, das man nur über eine kurvenreiche, zum Teil noch schlechte Straße erreicht. Die Landschaft ist ein wenig anders in dieser Re-

F3

F2

E2

Der Leuchtturm Farol da Ponta do Pargo an der westlichen Südwestküste Madeiras

Vista Points Madeira

gion: waldreich mit Kiefern, Esskastanien, zwischendurch kleine, vom Tourismus unberührte Dörfer. Von dem Leuchtturm **Farol da Ponta do Pargo**, einsam auf einer Felsspitze liegend, hat man einen weiten Blick auf die raue Landschaft an diesem Ende der Insel. Beeindruckend ist der Blick auf die endlos scheinende Wasserfläche.

Kunstzentrum Casa das Mudas
Vale de Amores, 9370-133 Calheta
☏ 291 82 09 00
Tägl. Di–So 10–19 Uhr

Im Kunstzentrum gibt es im Restaurant »eatwell« Kleinigkeiten zu essen (☏ 291 82 73 16, Di–Do 10–18, Fr/Sa 10–22 Uhr).

Sociedade dos Engenhos da Calheta
(Zuckerrohrbrennerei)
Calheta
☏ 291 82 22 64, tägl. 9–13 und 14–20, So ab 10 Uhr

In einer Probierstube kann der hergestellte Zuckerrohrschnaps probiert werden.

Farol da Ponta do Pargo
(Leuchttürme von Madeira)
Ponta do Pargo
Tägl. 9.30–12 und 14–16.30 Uhr

Ausstellung zu Leuchttürmen Madeiras – »Exposição Faróis da Madeira«. Einen Kilometer vom Leuchtturm entfernt an einem *Miradouro* (Aussichtspunkt) bietet ein kleines Teehaus, »Casa de Chá-O Fío«, hier die einzige Möglichkeit, einzukehren. Selbst ein Briefkasten hängt an diesem einsamen Ort.

Im »Dorf der Korbmacher«: Camacha auf Madeira

Die Hauptinsel Madeira

Camacha

Hoch in den Bergen zwischen Funchal und Santa Cruz, zum letzteren Ort gehörend, liegt die Gemeinde Camacha, weithin bekannt wegeh ihrer Folklore und der **Korbwaren**, die hier produziert werden. Einst hatte ein englischer Händler Stühle mitgebracht, um sie nachbauen zu lassen. Daraus entwickelte sich ein blühendes Handwerk mit heimischem Material, das eigene Formen und Muster hervorbrachte. Im Kunsthandwerkerzentrum kann die ganze Vielfalt bewundert werden. Es gibt sogar einen kleinen Zoo aus geflochtenen Tieren. Größere Dinge, die nicht ins Flugzeug passen, kann man sich problemlos nach Hause schicken lassen.

Sehr aktiv sind die Folkloregruppen im Ort. Sie treten auch häufig im Ausland auf, um Werbung für die Insel zu machen. Wegen des vielfältigen Angebots an kulturellen und sonstigen Unterhaltungsveranstaltungen wird es als die heimliche »Kulturhauptstadt Madeiras« bezeichnet.

Besonders stolz ist man auf die Tatsache, dass hier 1875 zum ersten Mal in ganz Portugal Fußball gespielt wurde. Den dazu notwendigen Ball brachte der Engländer Harry Hinton mit. Eine Plakette erinnert noch daran.

Câmara de Lobos/Estreito de Câmara de Lobos

Câmara de Lobos ist neben Machico und Caniço der wichtigste Fischereihafen. Von hier aus werden hauptsächlich Degenfische *(espedada)* gefangen. Angelandet wird der Fisch gleich in Funchal, so spart man den mühsamen Transport über die Straße. Leider hat Câmara de Lobos sichtbare soziale Probleme. Der alte Teil, westlich des kleinen Hafens, ist zu einem Kneipenviertel verkommen und auch die Boote machen keinen besonders gepflegten Eindruck.

Im kleinen Hafen geht es jedoch sehr pittoresk zu. Das empfand auch Winston Churchill so. Ihm gefiel der Blick auf Câmara de Lobos so gut, dass er 1950 davon mehrere Bilder malte. Eine Gedenktafel auf der Terrasse oberhalb des Hafens erinnert daran.

Für einen Bummel durch den kleinen Ort um den Hafen sollte man sich Zeit nehmen. Vom Berg Torre, oberhalb des Ortes, hat man eine Aussicht auf die Stadt und den Hafen wie aus einem Flugzeug.

Weiter oberhalb befindet sich in Estreito de Câmera de Lobos das größte Anbaugebiet für den Madeira-Wein. Jeden September wird dort während der Weinlese ein Weinfest gefeiert. Bei der Weinlese und beim Zertreten der Trauben kann der Besucher gerne helfen. Der Reben gedeihen bis zu einer Höhe von 700 m.

Ganz in der Nähe erhebt sich das Kap ❸ **Cabo Girão**, mit 580 m steilem Abfall eine der höchsten Steilküsten der Erde. Der Blick geht senkrecht hinunter auf den schmalen Küstenstreifen. Die Felder auf halber Höhe haben keine Zuwegung, deshalb lassen sich die Bauern mit Seilen he-

Vista Points Madeira

rab. Die Felder am Fuß des Felsens sind nur über das Meer zu erreichen.

Westlich des Kaps bei Quinta Grande liegt unterhalb eines 300 m hohen Felsens der **Fajã dos Padres** direkt am Wasser. Dieser Fels- und Erdabbruch mit seinem äußerst fruchtbaren Boden wurde schon von den Jesuiten kultiviert. Über zwanzig Sorten Mangos, Avocados, Bananen, Papayas, Maracuja und Grapefruit wachsen dort. Man erreicht den *fajã* (fruchtbare Landzunge unterhalb einer Felsenküste) nur über das Meer oder über einen Aufzug von der oberen Felsplattform. In den letzten Jahren wurde dort ein touristisches Zentrum mit Ferienhäusern sowie einer auf Fisch und Meeresfrüchte spezialisierten Gastronomie errichtet.

J7

Versteckt hinter Bergen, in einem tiefen Taleinschnitt, liegt die Gemeinde **Curral das Freiras**. Die Nonnen des Klosters Santa Clara in Funchal nutzten im 16. Jh. das Tal als Versteck vor französischen Korsaren. Es gibt nur eine Straße von Funchal hoch in das Tal. Vor dem neuen Tunnel zeigt ein Schild nach links auf den Aussichtspunkt **Eira do Serrado** (1094 m). Von dort oben erscheint die Landschaft mit den Gebäuden so klein wie auf einer Modelleisenbahn. Der über zwei Kilometer lange Tunnel führt

F8

G8

Der Wein von Madeira
Madeira-Wein für die Küche ist rot, schwer und süß. Doch das stimmt schon lange nicht mehr. Schon kurz nach der Besitznahme Madeiras durch die Portugiesen im 15. Jh. wurde mit dem Weinbau begonnen. Die ersten Reben waren Malvasia-Reben von Kreta. Sie gediehen so prächtig, dass neben dem Zucker Wein ein wichtiges Handelsgut wurde, dessen Hauptabnehmer England war. Nach 1700 gelang eine Qualitätsverbesserung. Die Fässer wurden einmal zum Äquator und zurück geschickt, die Wärme tat dem Wein gut. Heute erfolgt die Erhitzung künstlich in den Kellereien. Um die Haltbarkeit zu verbessern, begann man um 1800 damit, den Wein »aufzuspriten«, d.h. neutralen Branntwein hinzuzugeben. Das steigerte nicht nur die Haltbarkeit, sondern nochmals die Qualität.

1852 wurden die Reben vom Mehltau befallen und fast 95 Prozent der Anpflanzungen vernichtet. 1873 zerstörte die Reblaus die Bestände erneut. Von diesen Schlägen hat sich der Weinbau bis heute noch nicht erholt. Das Instituto do Vinho da Madeira, ein staatliches Weininstitut, das 1979 gegründet wurde, überwacht inzwischen den Wein vom Anbau bis zur Abfüllung.

Heute deckt die Weinproduktion eine weite Palette von Qualitäten ab, wobei die edleren nur selten außerhalb der Insel angeboten werden. Diese muss man vor Ort suchen. Im September jeden Jahres wird ein **Weinfestival** gefeiert: gespielte Szenen aus der Geschichte des Weinbaus, Weinproben, Folklore, Teilnahme an der Weinlese und das Stampfen der Trauben. Schwerpunkte sind die Orte Estreito de Câmara de Lobos und Funchal.

Die Hauptinsel Madeira

Câmara de Lobos gilt als der madeirensische Fischerort schlechthin

in das auf mehreren Höhen liegende Dorf. Spezialität des Ortes sind Esskastanien, aus denen man Likör gewinnt, Brot und Kuchen backt sowie Suppe kocht.

Fremdenverkehrsbüro
Rua Padre Eduardo Clemente Nunes Pereira
9300-116 Câmara de Lobos
✆ 291 94 34 70, www.turismomadeira.pt
Mo–Fr 9–12.30 und 14–17, Sa 9.30–12 Uhr

 J8

Restaurant auf dem Fajã dos Padres
Estrada Padre António Dinis Henriques, 1
Quinta Grande
✆ 291 94 45 38, tägl. außer Di 11–18 Uhr
Man muss mit einem Panoramafahrstuhl hinunterfahren. Es gibt Bademöglichkeiten im Meer und Duschen. €€

 J7

Restaurante Santo António
Estreito de Câmara de Lobos
✆ 291 91 03 60, kein Ruhetag
Santo António ist eines der besten Restaurants für den Espetada auf der Insel. Daneben gibt es andere Fleischgerichte, keinen Fisch. Auch eine weite Anfahrt lohnt sich. €–€€

 H8

Caniçal
Am Anfang der Halbinsel Ponta de São Lourenço liegt der abgeschiedene Ort Caniçal. Traditionell ein Fischerdorf, das vom Walfang lebte, bis die Jagd auf die Meeressäugetiere 1981 verboten wurde. In einem neu gebauten **Walmuseum**, am westlichen Rand der Stadt, wird daran erinnert. Verkaufsbuden an der Küstenstraße bieten Schnitzereien aus Walknochen an. Ob sie alle echt sind, sei dahingestellt.

 F14

Vista Points Madeira

In Caniçal liegt die Freihandelszone Madeiras. Dies hat einen gewissen wirtschaftlichen Wohlstand gebracht. Drei Kilometer in Richtung der Landzunge befindet sich der einzige natürliche helle Sandstrand der Insel, der **Prainha** (kleiner Strand). Die nur 100 Meter lange Bucht ist ein beliebter Badeplatz. Der helle Sand rührt von dem einzigen Kalkvorkommen der Insel. Die Kalkadern treten hier bis an die Oberfläche.

Museu da Baleia (Walfangmuseum)
Banda d'Além, 9200-032 Caniçal
℡ 291 96 14 07, www.museudabaleia.org, Di–So 10–18 Uhr
40 Jahre lang wurden Pottwale vor Madeira gejagt. »Baleia« riefen Männer, wenn sie einen Wal entdeckten. Das Museum informiert über diese Periode des Walfangs. Mit ein wenig Glück kann man von dort mit einem vorhandenen, sehr starken Fernrohr Wale oder Delfine beobachten.

Restaurante Amarelo
Banda d'Além, Caniçal
℡ 291 96 17 98, Mi geschl.
Direkt an der Küste, spezialisiert auf Fisch und Meeresfrüchte, keine Fleischgerichte. €

Caniço/Caniço de Baixo
Die Nähe zu Funchal hat die Entwicklung Caniços zu einem touristischen Zentrum und einem beliebten Wohnort begüterter Einheimischer befördert. Das Ortsbild wird besonders in Caniço de Baixo – in dem Ortsteil an der Küste – von Hotelanlagen und Ferienhäusern bestimmt, die über schöne Gärten und einen Zugang zum Meer verfügen.

Der Ortsteil **Garajau** bekam seinen Namen durch die vielen Eisvögel, die hier heimisch sind. Der Küstenabschnitt vor dem Ort wurde 1986 zum Naturschutzgebiet erklärt. Die außergewöhnliche Reinheit des Wassers sowie der große Reichtum an Meerestieren waren die Grundlage für die Entstehung eines beliebten Tauchreviers.

Faial
Östlich von Santana liegt auf einem Hügel an der Küste der kleine Ort Faial. Er ist durch den **Penha d'Águia** (Adlerfelsen) bekannt geworden, auf dem früher Fischadler nisteten. Der 580 m hohe Berg sieht mit seiner Hochfläche wie ein abgebrochener Kegel aus. Man kann ein Stück hinauffahren. Von dort hat man einen sehr schönen Blick auf das Gebirgsmassiv mit dem Pico Ruivo und dem Pico do Arieiro, den höchsten Bergen der Insel.

An der Mündung des kleinen Flusses entstanden ein **Naturschwimmbad** sowie ein Planschbecken

Ostatlantische Rote Klippenkrabbe

Die Hauptinsel Madeira

Vor der Kirche Nossa Senhora da Conceição in Machico (Madeira)

für Kinder. Ein Restaurant rundet das Angebot ab. Von der Plattform kann man noch sehr schön den Abbruch und die Abbruchwand eines Fajã sehen, der 1993 niedergegangen ist.

Eine weitere Attraktion ist eine **Kartbahn** im Flusstal. Sie wird von der Assoçiação Karting Madeira betrieben. Informationen, wann und wie man sich einen Kart ausleihen kann, erhält man unter ✆ 291 57 39 92.

Machico

Machico ist der älteste Ort auf Madeira. Hier soll der Entdecker Madeiras, João Gonçalves Zarco, an Land gegangen sein. Die Bucht und das Tal sind sicherlich der günstigste Platz für eine Ansiedlung auf der Insel gewesen. Heute macht der Ort eher einen verträumten Eindruck. Mit dem zunehmenden Tourismus – die Region Machico bietet zirka 2000 Gästebetten an – ist ein gewisser Aufschwung zu verzeichnen.

G13

Der älteste Teil der Stadt liegt am östlichen Ufer des Flusses. Der von indischen Lorbeerbäumen beschattete Largo dos Milagres (Platz des Wunders) war das Zentrum der alten Siedlung. An der Stelle, an der die **Capela dos Milagres** steht, soll einst eine der vier ältesten Kirchen Madeiras gestanden haben. Die heutige Kapelle stammt aus dem Jahre 1815. An ihrem Altar befindet sich die Holzskulptur des »Wundertätigen Christus«, die bei einer Überschwemmung 1803 ins Meer gespült und dann auf wundersame Art gerettet wurde. Dieses Ereignis wird jährlich am 8. Oktober gefeiert.

Das aktuelle Zentrum der Stadt liegt am westlichen Ufer zwischen dem Largo do Município und dem Kai. Das wahrscheinlich älteste erhaltene Gebäude (ca. 1500) ist die Kirche **Nossa Senhora da Conceição**, eine Stiftung König Manuels I. Am Hauptportal sind Verzierungen im ma-

Vista Points Madeira

nuelinischen Stil erhalten. Nur die linken Seitenkapellen sind noch Originale aus der Bauzeit, der Rest ist während des Barocks vollständig umgebaut worden. Beachtenswert ist auch das Nebenportal mit den drei Marmorsäulen, ebenfalls ein Geschenk des Königs.

Das kleine, dreieckige **Fort Nossa Senhora do Amparo** am Kai wurde Anfang des 18. Jh. als Schutz gegen die vielen Piratenüberfälle gebaut. Dort befindet sich heute das Tourismusbüro. Auf dem Wassergraben vor den Mauern schwimmen blaublühende Wasserrosen, auch auf Madeira eine Besonderheit. Ein wenig in Richtung Fluss stehen die Versteigerungshallen **Lota**, in denen die Fischer ihren Fang anbieten, hauptsächlich Thunfisch.

Östlich, oberhalb von Machico, erhebt sich der Aussichtspunkt **Pico do Facho**. Von hier aus sieht man im Westen den Flugplatz, unter den Füßen die Bucht von Machico, im Norden die höchsten Berggipfel und im Osten Caniçal sowie die Halbinsel São Lourenço.

> **Fremdenverkehrsbüro**
> Forte Nossa Senhora do Amparo, 9200 Machico
> ✆ 291 96 22 89, www.turismomadeira.pt
> Mo–Fr 9–12.30 und 14–17, Sa 9.30–12 Uhr

Paso de Poiso
Auf dem Weg von Monte nach Ribeiro Frio durchquert man den **Ökologischen Park von Funchal**. Auf einer Fläche von 1000 ha mit einem Höhenunterschied von 520 bis 1800 m zeigt der Park unterschiedliche Bewässerungstechniken und einheimische Pflanzenarten wie den Til (Stinklorbeer), Vinhático (Madeira-Mahagoni) und Bar-

Gipfeltour vom Pico do Arieiro zum Pico Ruivo (Madeira)

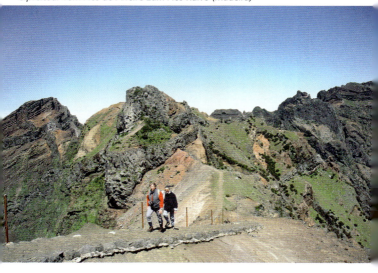

busano (Kanarischer Lorbeer). In den höher gelegenen Bereichen des Parks wachsen Sträucher wie die mannshohe Madeira-Heidelbeere und die Baumheide. Auf einer Höhe von 1550 bis 1600 m gibt es letzte Bestände einer nur auf Madeira vorkommenden Art der Sorveira (Eberesche oder Vogelbeerbaum). Der Park dient vor allem der Durchführung von Aktivitäten im Bereich Umweltschutz, Umwelterziehung und als Erholungs- und Freizeitgelände.

Eidechse im Lorbeerwald

An der Weggabelung Paso de Poiso lohnt ein Abstecher zum 1818 m hohen **Pico do Arieiro**, dem zweithöchsten Berg Madeiras. Eine Straße verläuft bis fast auf den Gipfel, unter dem die Staatsherberge »Pousada do Pico Arieiro« liegt. Die Straße führt durch die karge Hochebene von Poiso mit Krüppelwald und übermannshohen Heidelbeersträuchern. Von vielen Stellen hat man weite Ausblicke bis auf das Meer. Vom Gipfel übersieht man einen großen Teil der Insel: im Osten das Ende der Insel mit der Ponte de São Lourenço und bei sehr guter Sicht auch die Insel Porto Santo, im Westen die Hochebene Paúl da Serra mit den modernen Windrädern zur Stromerzeugung, im Norden das Tal von Faial mit dem Adlerfelsen, der von hier oben mit seinen 590 m recht klein wirkt.

F9

Es gibt einen ausgebauten Wanderweg zum höchsten Berg Madeiras, zum Pico Ruivo (1861 m) – wohl eine der schönsten Wanderungen Madeiras. Der Weg hin und zurück dauert etwa sechs Stunden, es gibt Auf- und Abstiege zwischen 1862 und 1550 m, also nichts für gänzlich Ungeübte in Turn- oder normalen Straßenschuhen. Der Abstecher lohnt sich nur, wenn der Gipfel nicht im Nebel liegt, was leider oft der Fall ist. In den Wintermonaten kann dort oben auch Schnee fallen.

E9

Ponta da São Lourenço

Die Halbinsel Ponta da São Lourenço bildet mit ihren hohen Felsen und Tälern sowie kleinen Inseln die östliche Spitze Madeiras. In dieser rauen und kargen Landschaft lässt sich der Vulkanismus gut studieren. Die Halbinsel ist ein beliebtes **Wandergebiet** mit einem acht Kilometer langen, gut ausgebauten Wanderweg, der bis auf eine Höhe von 110 m steigt. Zum Ausgangspunkt des Weges führt auch eine regelmäßig verkehrende Buslinie aus Funchal. Trinkwasser sollte man auf die Wanderung mitnehmen.

E/F 14–16

Ponta Delgada

Die portugiesische Schriftstellerin Agustina Bessa Luís hat Ponta Delgada als »Hof des Nordens« bezeichnet. Die Ge-

B/C8

Vista Points Madeira

meinde liegt auf einem Felsplateau hoch über dem Meer. Die **Kirche** von 1908 besitzt schöne Deckenmalereien mit biblischen Figuren sowie Szenen aus der Entdeckungsgeschichte Madeiras. Unweit der Kirche ist ein schönes **Schwimmbad** entstanden, mit Natur- und künstlichem Schwimmbecken, Bar und Restaurant.

Eine Felsecke weiter östlich liegt der kleine Ort **Boaventura**. Das Tal ist von mehreren Wasserläufen durchzogen und wartet mit einer großen Pflanzenvielfalt auf, besonders hervorzuheben ist der so genannte Laurissilva-Wald (Lorbeerwald), der Urwald Madeiras.

Bananenblüte

Ponta do Sol

Ponta do Sol liegt ein wenig westlich von Ribeira Brava. Einer Felsspitze, die ins Meer ragt, und der Tatsache, dass hier die Sonne am längsten scheint, verdankt der Ort seinen Namen – Sonnenpunkt. Wurde hier früher wegen des fruchtbaren Bodens hauptsächlich Zuckerrohr angebaut, so bestimmt heute der Anbau von Bananen die Landwirtschaft. Bananen wachsen in einer Höhe bis zu 400 m.

Mittelpunkt des Ortes ist die mehrfach umgebaute **Kirche Nossa Senhora da Luz** aus dem 15. Jh. Mit zwei Hotels hoch auf dem Felsen und einer Strandpromenade mit Badestrand versucht man, den Anschluss an den Tourismus nicht zu versäumen. Es gibt keinen Sand, dafür hat man Holzroste als Liegeflächen und Sonnenschirme als Palmwedeln auf die Kieselsteine gelegt. Duschen, Toiletten und eine kleine Bar vervollständigen das Angebot.

Die Küstenstraße zwischen Ponta do Sol und Madalena do Mar ist recht abenteuerlich. Es geht durch alte Tunnel, in denen das Wasser von der Decke regnet, entlang von Wasserfällen, die auch auf die Straße niederfallen, und gelegentlich kommt es auch zu Steinschlag. Eine alternative Strecke durch einen neuen, knapp drei km langen Tunnel lässt einen diese Hindernisse umgehen.

Madalena do Mar, der Schwesterort, wartet mit einer hübschen Promenade an der Küste sowie mit einem für die Insel charakteristischen Fischerviertel auf. Die Landwirtschaft ist ganz vom Bananenanbau bestimmt. Jeweils im Juli findet ein traditionelles Bananenfest statt, bei dem die besten Fruchtstände prämiert werden.

Restaurante A Poita
Madalena do Mar – Sítio dos Lombos
Ponta do Sol
℘ 291 97 28 71, Mo geschl.
Kleineres madeirenser Lokal, auf Fisch und Meeresfrüchte spezialisiert. €€

Die Hauptinsel Madeira

Porto da Cruz

Porto da Cruz, der östlichste Ort des Nordens, war besonders wegen seiner Schnapsbrennereien bekannt. Die Region lieferte das Zuckerrohr. Heute arbeitet nur noch eine Brennerei, leicht an dem hohen Schornstein zu erkennen: **Companhia dos Engenhos do Norte**. Gebrannt wird von April bis Juni. Die Anlage kann man besichtigen und den Aguardente probieren. Ein frischer (junger), ein fünf und ein 30 Jahre alter Zuckerrohrschnaps werden zum Verkauf angeboten. Ein kleiner Strand mit schwarzem Sand lädt im Anschluss zur Abkühlung ein.

D/E12

Fährt man an der Brennerei weiter bis zum Ende der Straße, hat man einen sehr schönen Blick bis zum östlichen Ende der Insel.

❹ Porto Moniz

Vom Inneren der Insel kommend, ist die Abfahrt nach Porto Moniz sehr steil. Am Aussichtspunkt sollte man halten, denn von hier lässt sich die Ebene am Meer wie von einem Balkon übersehen. Auffallend sind die hohen Flechtwände aus Erika (Heidekraut) zwischen den Feldern, ein Hinweis auf den ständig wehenden Wind. Bei dem großen, kaum zu übersehenden Restaurantbau erkennt man ruhige Wasserflächen – natürliche Schwimmbecken mit ständigem Wasseraustausch durch hereinspritzende Wellen. Die Becken in der Mitte des Ortes hat man leider mit viel Beton zu einem kostenpflichtigen Schwimmbad umgebaut.

A3

Porto Moniz hat sich mit einigen Hotels, Pensionen, Ferienhäusern und Restaurants zu einem Badeort gewandelt. Hier gibt es auch den einzigen Campingplatz der Insel. Auch Erholungssuchende aus Funchal kommen her, um sich zu entspannen. Früher hatten die Walfänger ihre Station – bis zum Umzug nach Caniçal – in diesem Ort.

Landwirtschaft

Landwirtschaft zu betreiben ist auf der zerklüfteten Insel sehr schwierig. Man nutzt zwar jede mögliche Fläche, aber die sind oft klein und sehr schwer zu erreichen, so dass sich der Einsatz von Maschinen schon wirtschaftlich nicht lohnt. Kam in den ersten Jahrhunderten der Besiedlung dem Zuckerrohranbau Bedeutung zu, so konzentriert sich der Anbau heute auf Trauben, Mais und Bananen.

Die Bananen sind klein und süß, entsprechen aber nicht der EU-Norm. So dürfen sie nur auf Madeira, den Azoren und dem portugiesischen Festland vermarktet werden. Da die Landwirtschaft den Bedarf der Insel nicht decken kann, werden über 60 Prozent der benötigten Lebensmittel eingeführt.

Die Viehwirtschaft beschränkt sich im Wesentlichen auf einen staatlichen Betrieb für Rinderzucht auf der Hochebene Paúl da Serra. Da Waldweide vorherrscht, begegnet man den Kühen auch auf der Straße. Die Bauern halten ein bis zwei Kühe, die das ganze Jahr aufgestallt sind, einige Ziegen und Schafe. Die private Haltung von Rindvieh ist stark zurückgegangen, die kleinen Ställe, leicht an den Satteldächern zu erkennen, werden nun oft als Wochenendhäuser genutzt.

Vista Points Madeira

Bizarre Lavafelsen in Porto Moniz auf Madeira

Ribeira Brava
Ribeira Brava (12 500 Einwohner) ist der einstige Wohlstand, den zunächst der Zuckerrohranbau und später der Obstanbau der Ortschaft bescherten, noch anzumerken. Man bemüht sich heute mächtig, etwas vom Touristenstrom abzubekommen und dabei die Beschaulichkeit nicht zu verlieren. Hier lässt sich noch ein wenig das alte Madeira spüren.

Besichtigenswert sind das Rathaus, der angrenzende Park und die Kirche. Der Kirchplatz verfügt über ein sauber verlegtes, schwarzes Kieselsteinpflaster mit weißem Muster. Der Markt an der Küstenstraße bietet Früchte der Region feil, und einen erhöhten Ausblick auf die Steilküste hat man vom dem Felsvorsprung **Miradouro da Cruz** östlich des Dorfes. Eine Wendeltreppe führt dort hinauf. Der kurze Tunnel durch den Felsen führt zum kleinen Hafen, der auch als Parkplatz genutzt wird. Westlich des Ortes wurde aus dunklem Sand ein Badestrand angelegt, der vom offenen Meer durch eine Mauer aus Betonklötzen geschützt wird.

Ribeira Brava war und ist ein wichtiger Verkehrsknotenpunkt, von hier führt eine Straße über die Serra de Água nach São Vicente an der Nordküste. Auch die Autobahn von Funchal hört hier erst einmal auf.

Museu Etnográfico da Madeira
Rua de São Francisco, 24, 9350-211 Ribeira Brava
© 291 95 25 98, Di–So 10–12.30 und 14–18 Uhr
Das ethnologische Museum zeigt Besonderheiten der In-

Die Hauptinsel Madeira

sel u.a. zum Transport auf dem Wasser und zu Lande, Gerätschaften zur Weinherstellung, Mühlentechnik.

❺ Ribeiro Frio

F10

Vom Paso de Poiso führt die Straße durch dichten Wald, den »Schwarzwald« Madeiras, ein Stück hinab nach Ribeiro Frio, einer Forellenzuchtstation mit Bars und Souvenirläden. In der Bar »A Truta« soll es eine der besten Poncha geben, eine Mixtur aus Zuckerrohrschnaps und Honig, den man einmal probieren sollte. Gleichzeitig ist hier der Ausgangspunkt für einen der schönsten Levadawege, für den **Levada do Furado** nach Portela. In etwa 800 m Höhe fließt die Levada am steilen Felshang. Der Weg ist eben und manchmal sehr schmal, nicht ganz Schwindelfreie sollten einen Partner zum Festhalten mitnehmen. Ungefähr 3,5 Std. benötigt man für einen Weg, mit An- und Abfahrt muss man einen Tag einplanen.

F10/11

Eine Kurzwanderung von einer knappen Stunde führt von hier zu den **Balcões**. Die »Balkone« liegen hoch im Metade-Tal, von hier aus hat man einen sehr schönen Ausblick auf die Berge und die Fajã de Nogueira.

F10

Santa Cruz

H13

Bei Santa Cruz befindet sich der internationale Flughafen von Madeira. Der Ort gehört zu den ältesten Gemeinden der Insel. Das dreischiffige **Gotteshaus** der Gemeinde stammt aus der zweiten Hälfte des 16. Jh. Die manuelinischen Stilelemente und die spanisch-arabischen Fliesen aus Sevilla in der Sakristei sind sehenswert. Der Platz zwischen der Kirche und dem Rathaus ist besonders schön mit kleinen schwarzen Lavasteinchen gepflastert. Die Festung über der Felsenküste stammt aus dem Jahre 1706. Erwähnenswert ist auch das Kulturhaus der Gemeinde,

> **Levadas (Bewässerungsgräben)**
> Bedingt durch das unterschiedliche Klima auf der Nord- und Südseite der Insel, regnet es im Norden fast fünfmal soviel wie im Süden und die durchschnittliche Temperatur liegt im Süden um 5° C höher als im Norden. Daher bietet sich die Südküste für die Landwirtschaft an. Das Problem, das es zu lösen galt, war, das Wasser von der Nord- auf die Südseite zu bringen. Also begann man bald nach der ersten Besiedlung im 15. Jh., Bewässerungsgräben zu ziehen, die im 17. Jh. durch den Anbau von Zuckerrohr weiter ausgebaut werden mussten.
>
> Heute gibt es Hauptwassergräben mit einer Länge von insgesamt über 800 km sowie Zu- und Abläufe, die etwa 4000 km lang sind. Sie laufen an steilen Felswänden entlang, sind durch Tunnel geleitet und führen, oft auf langen Umwegen, immer von Nord nach Süd. Die Anlagen werden sehr gepflegt und noch weiter ausgebaut. Zur Wartung laufen oft nur schmale Wege, die *passeios nas levadas*, an den Gräben entlang, die sich ideal für Wanderungen eignen. So haben sich Levadawanderungen zur Hauptattraktion der Insel entwickelt. Unkundige oder Ungeübte sollten sich Gruppen anschließen, und sei es, um von einer bequemeren An- und Abfahrt zu profitieren. Rundwege sind sehr selten.

Vista Points Madeira

Santana an Madeiras Nordküste ist berühmt für seine bunten, mit Stroh bedeckten Häuser, die »Casas do Colmo«

das mit wechselnden Ausstellungen aufwartet. Eine neue Attraktion ist der **Aquapark** mit fünf Toboggan-Bahnen, vier schnellen Rutschen und zwei Swimmingpools westlich des Ortes.

Santana

Santana, das sich als schönstes Dorf Madeiras preist, macht mit den **Casas do Colmo** Werbung: Die mit Stroh gedeckten und bunt angemalten Häuser stehen direkt neben dem Rathaus. In einem befindet sich das Tourismusbüro, in einem anderen hat eine Leinweberin ihre Werkstatt eingerichtet und ein drittes, das einen schönen Vorgarten besitzt, ist bewohnt. Abseits der Hauptstraße gibt es weitere Exemplare dieser Häuser. Früher dienten sie als Behausungen für Bauern, heute dagegen ganz verschiedenen Zwecken. Alle vier bis fünf Jahre müssen die Strohdächer erneuert werden.

Populär ist die **Festa dos Compadres** (Fest der Gevattern), die eine Woche vor Karneval gefeiert wird. Während des Festes werden vor allem die Lokalpolitik und das Verhältnis der Geschlechter auf die Schippe genommen.

Die neueste Attraktion ist der **Madeira-Themenpark**. Auf einer Fläche von 70 000 m² werden den Besuchern auf mehreren Aktionsflächen die Geschichte, Kultur und Traditionen der Insel näher gebracht. Die Besucher können aber auch klettern und Bungeespringen. Somit bietet der Park eine Mischung aus Wissensvermittlung, Unterhaltung und sportlichen Aktivitäten.

Im Ort weist ein hölzernes Schild auf den **Teleférico da Rocha da Nave**, die Kabelbahn am Felsen von Rocha hin.

Die Seilbahn führt auf einen bewohnten und bewirtschafteten Fajã (Felsabrutsch) direkt am Wasser. Die Fahrt ist für zwei Euro recht günstig, ein weiter Blick auf die Steilküste ist im Preis eingeschlossen.

 Fremdenverkehrsbüro
Sítio do Serrado, 9230 Santana
✆ 291 57 29 92, www.turismomadeira.pt
Mo–Fr 9.30–13 und 14.30–17.30, Sa 9.30–12 Uhr

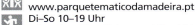 **Madeira-Themenpark**
Estrada Regional, 101, Fonta da Pedra, Santana
✆ 291 57 04 10
www.parquetematicodamadeira.pt
Di–So 10–19 Uhr
Informiert über Kultur und Geschichte Madeiras.

Santo da Serra

Santo da Serra, sechs Kilometer oberhalb von Machico auf einer Hochfläche gelegen, ist wegen seines **Golfplatzes** bekannt. Er war der erste auf der Insel, heute besitzt er einen 27-Loch-Kurs mit einer Länge von neun Kilometern. Der riesige Platz liegt auf einer Anhöhe, von der der Blick über die Ponta de São Lourenço und bei gutem Wetter bis nach Porto Santo reicht. Eine Reihe von Hotels und Landgütern bietet den Spielern Unterkunft. Hier ist es immer einige Grad kälter als an der Südküste.

 Clube de Golf Santo da Serra
Estrada Regional, 207, 9200-152 Machico
✆ 291 55 01 00
www.santodaserragolf.com
Ausrichter des Madeira Island Open. Vom Golfplatz-Architekten Robert Trent Jones gestaltet.

São Jorge

São Jorge ist eine kleine Gemeinde im gleichnamigen Tal. Das Tal ist bekannt für seine Vielfalt an Kräutern und Heilpflanzen. Eine Besonderheit stellt ein **Wasserfall** dar, durch den man hindurchgehen kann. Daneben findet sich hier der madeirenser Regenwald mit Lorbeerbäumen, dessen Wurzeln besonders gut das Wasser im Boden halten. Früher sollen große Teile der Insel damit bedeckt gewesen sein und man bemüht sich heute, diese Lorbeerbäume wieder vermehrt anzupflanzen (vgl. Kasten S. 42).

Eine Wanderung in diesem Gebiet ist nur einigermaßen schwindelfreien Personen anzuraten. Auf einem 94 m hohen Felsen befindet sich der **Miradouro Vigia**, von dem der Blick im Westen bis Ponta Delgada und im Osten bis zu den Klippen von Faial reicht.

Vista Points Madeira

Bolo de Mel – ein »Honigkuchen« ohne Honig
Die wörtliche Übersetzung von *bolo de mel* als Honigkuchen ist irreführend, denn der Bolo de Mel ist ein Gewürzkuchen, der mit Zuckerrohrsirup *(mel de cana)* hergestellt wird. Bei den Inhaltsstoffen, den *ingredientes*, muss diese Zutat jeweils aufgeführt sein.

 Um sich vor Nachahmungen zu schützen, wurde vom Staat ein Symbol kreiert, das auf die Echtheit eines madeirenser Produktes hinweist. Dieses Zeichen ist jedoch noch nicht sehr verbreitet.

São Vicente
Gäbe es keine Restaurants am Strand, würde an der Küste nichts auf eine Gemeinde hinweisen. Das ruhige São Vicente wurde taleinwärts hinter einen Felsen gebaut, damit Seepiraten den Ort vom Meer aus nicht sehen konnten.

Die Hauptinsel Madeira

Die im 17. Jh. gebaute Kirche ist für Hochzeiten sehr beliebt. In dem Tante-Emma-Laden kann man den für Madeira typischen Bolo de Mel (Gewürzkuchen, vgl. Kasten links) erstehen.

Die **Grutas de São Vicente** (Höhlen von São Vicente) sind etwa 400 000 Jahre alt und stammen aus einer Zeit, als die Vulkane noch aktiv waren. Die herabfließende Lava schuf Gänge, die teilweise begangen werden können und einen kleinen Einblick in das Innere der Berge geben.

C6

Südlich von São Vicente, auf dem Weg nach Serra d'Água, passiert man auf einer Höhe von über 1000 m den **Encumeada-Pass** (Boca de Encumeada) und den Aussichtspunkt **Miradouro da Encumeada.** Von hier bietet sich ein Blick auf das Meer im Norden und Süden sowie den Gebirgskamm im Inneren der Insel. Dies ist auch ein

E7

Seichte Badepools in kristallklarem Wasser: Seixal (Madeira)

Vista Points Madeira

guter Ausgangspunkt für Wanderungen ins Gebirge oder auf der Hochebene Paúl da Serra.

Grutas e Centro de Vulcanismo de São Vicente
Sítio do Pé do Passo, 9240-039 São Vicente
℅ 291 84 24 04, www.grutasecentrodovulcanismo.com
Tägl. 10–19 Uhr

Ein Exkurs in Flora und Fauna

Die Insel Madeira besteht aus dunklem Basalt und rotem Tuff, den einstigen Lavaströmen und der einstigen Asche, die aus dem Vulkan herausgeschleudert wurden. Besonders schön ist dies zwischen dem Pico do Arieiro und dem Pico Ruivo zu erkennen. Die weichen Gesteinsschichten wurden im Laufe der Zeit herausgespült, so dass wir heute oft eine wild zerklüftete Landschaft mit tiefen Taleinschnitten vorfinden. Die Erosion ist noch immer ein großes Problem.

Ursprünglich war Madeira von Lorbeerbäumen überzogen. Lorbeerbäume gedeihen besonders in der feuchten Nebelluft und speichern die Bodenfeuchte. Nachdem sie jahrelang durch die Landwirtschaft und besonders durch die Anpflanzung des australischen Eukalyptus zur Holzgewinnung verdrängt wurden, ist man heute wieder bemüht, vermehrt diesen Lorbeerwald, auch Laurazeenwald genannt, anzupflanzen. Er bildet den Kern des Naturparks Madeira und steht unter Naturschutz.

Vermehrt wird auch wieder der Drachenbaum *(Dracaena draco)* angepflanzt. Er wird bis zu 20 m hoch. Die Stämme benutzte man früher zum Bootsbau und den Saft zum Färben.

Auffallend sind weiterhin der Cherimoya, dessen Früchte, die Annonas, beliebt sind, die Guave mit ihren gelblich-grünen tischtennisballgroßen Früchten, die Opuntie oder Kaktusfeige, die Passionsfrucht, der Philodendron, dessen Früchte im Geschmack an Bananen erinnern, Papaya, Medronhobüsche und Tamarillos – so genannte englische Tomaten.

Auf dem Archipel gibt es keine gefährlichen Tiere, keine Schlangen und kein Hochwild. Dafür wurden etwa 200 Vogelarten gezählt, 35 davon brüten auf der Insel. Bedeutender ist die Tierwelt des Meeres, etwa 250 Fischarten wurden festgestellt. Wale, Delfine, Thunfische sind die größten Meerestiere; auf den Ilhas Desertas leben seltene Schildkröten und Mönchsrobben. Der Fischfang hat eine große Bedeutung. Im Mittelpunkt steht dabei der *Espada preto*, der Schwarze Degenfisch, der sich in einer Tiefe von 1000 bis 2000 m aufhält.

Der Drachenbaum (Dracaena draco)

Meeresfrüchte wie Krabben, Hummer, Langusten, Krebse gibt es wegen der steilen Küste kaum, für die Gastronomie werden die meisten eingeführt. Angeboten werden auch die einheimischen *brilhartes* – Napfmuscheln.

Hauptinsel Madeira · Nebeninsel Porto Santo

Die Vulkanhöhlen bzw. -röhren können nicht auf eigene Faust besucht werden. Sie werden den Besuchern jedoch im Rahmen einer etwa 30-minütigen Führung gezeigt.

Seixal
Östlich von Porto Moniz liegt die Gemeinde Seixal mit mehreren **Naturschwimmbädern** und zwei Stränden aus schwarzem Sand. Bei einem Bootsclub kann man Paddelboote mieten. Bekannt sind auch die **Weinberge**, deren schmackhafte Trauben zum Madeirawein verarbeitet werden.

C5

Die Straße zwischen den beiden Orten wurde erst in den 1950er-Jahren mit der Spitzhacke kunstvoll in die Küste gehauen. An manchen Stellen schlugen die Wellen bis auf den Straßenbelag und schleuderten kleine Steine mit. Diese Straße ist in jüngster Zeit durch eine neue Straße mit vielen Tunneln ersetzt worden. Aus São Vicente kommend Richtung Porto Moniz kann man auf einigen Abschnitten noch die alte Straße benutzen. Das ist nicht ganz ungefährlich, einige Wasserfälle rauschen die Felsen hinunter, einer von ihnen landet direkt auf der Straße.

Nebeninsel Porto Santo

A–E 14–16

Porto Santo ist die kleinere der beiden bewohnten Inseln, etwa 45 km nordöstlich von Madeira gelegen, die nach der Besiedlung der Inseln eine wichtige Rolle spielte. Da das Land ebener und nicht so steil und zerklüftet wie Madeira ist, konnte man hier leichter Landwirtschaft betreiben. So wurde die Insel Zwischenstation zur Proviantaufnahme auf den Entdeckungsreisen nach Afrika und Asien und später für die Liniensegler auf dem Weg nach Brasilien. Doch diese landwirtschaftliche Nutzung hat bis heute negative Spuren hinterlassen: Die Wälder aus Drachenbäumen, Wacholder und Baumheide wurden abgeholzt, und die Erosion konnte ungehindert ihre Kraft entfalten. Lehrbuchformen der Erosion sind an vielen Orten zu sehen: durch Wasser ausgespülte Canyons in Miniatur und bizarre Formationen an Abbrüchen, die vom Wind geschaffen wurden. Die Humusschicht ist so dünn geworden, dass es großer Anstrengungen bedarf, die Insel wieder aufzuforsten. Die Landwirtschaft ist bis auf den Weinanbau zum Erliegen gekommen. Die Terrassenfelder werden nicht mehr gepflegt, das Land, besonders im Norden der Insel, versteppt.

Da die Brunnen auf der Insel nicht ausreichend Wasser fördern, wurde eine Meerwasserentsalzungsanlage gebaut. Im Zuge der Golfplatzanlegung kam dann eine Kläranlage hinzu, deren Wasser für die Bewässerung des

Eine gastronomische Spezialität Madeiras und Porto Santos: »Lapas« – Napfschnecken

Golfplatzes genutzt wird. Die 21 natürlichen Quellen der Insel werden nicht mehr genutzt.

Das Quertal, fast mittig auf der Insel, wird von der drei Kilometer langen Landebahn des 1960 eröffneten Flughafens eingenommen. Neben dem zivilen Flugverkehr nutzen ihn das Militär und die NATO als Stützpunkt.

Die 5000 Einwohner von Porto Santo kennen sich fast alle. Neben den Wohnhäusern der Einheimischen gibt es über 1200 private Ferienhäuser bzw -Appartements. Der berühmteste Bewohner der Insel war Christoph Kolumbus, der hier 1479–82 als Zuckerhändler wirkte und die Tochter Bartolomeu Perestrelos, des ersten Legatskapitäns der Insel, ehelichte. Hier soll Kolumbus die entscheidenden Anregungen für seine Entdeckungsfahrten gen Westen erhalten haben.

So gehört ein Besuch des **Kolumbushauses** (Casa Colombo) in der Nähe des Rathausplatzes in Vila Baleira zum Programm. Das heutige Seitenhaus soll sein Wohnhaus gewesen sein. Neben einer gut gemachten Darstellung der portugiesischen Entdeckungen (Texte auf Portugiesisch und Englisch) sind Gebrauchsgegenstände aus der damaligen Zeit, Ansichten von Schiffen und von Porto Santo sowie die älteste kartografische Darstellung Amerikas ausgestellt. Bemerkenswert sind die in den Boden eingelassenen Getreidespeicher: Sie wurden mit Fußbodenplatten verschlossen, sicher auch als ein Versteck vor den Piraten, die die Insel häufig überfielen.

Ein ethnologisches Museum in Camacha, das **Museu do Cardina**, zeigt eine Sammlung land- und hauswirtschaftlicher Gegenstände von Porto Santo. Museum und Sammlung sind in Privatinitiative von Herrn José Cardin entstanden, der dort auch einen guten Wein der Insel anbietet.

Der heutige Reichtum der Insel ist der acht Kilometer lange feinkörnige Sandstrand **Campo de Baixo** – so etwas hat die Hauptinsel Madeira nicht aufzuweisen. Daher liegen fast alle Hotels an diesem Strand. Dem Sand wird heilende Wirkung zugesprochen, daher nutzt man ihn auch zu Kurzwecken.

Die Windmühlen auf Porto Santo dienen nur noch der Optik. Einige wenige werden daher auch noch gepflegt. Funktionstüchtig sind sie nicht mehr, es wächst auch nichts mehr auf der Insel, was noch zu mahlen wäre.

Fremdenverkehrsbüro
Avenida Henrique Vieira e Castro, 9400 Porto Santo
✆ 291 98 51 89, Mo–Fr 9–17.30, Sa 10–12.30 Uhr

Casa Colombo (Christoph-Kolumbus-Museum)
Travessa da Sacrista, 4
9400 Vila Baleira/Porto Santo
✆ 291 98 34 05, Mo–Sa Juli–Sept. 10–12.30 und 14–19, So 10–13, Okt.–Juni nur bis 17.30 Uhr
Das Museum ist dem Entdecker gewidmet, der auf Porto Santo Station gemacht haben soll.

Nebeninsel Porto Santo

Museu do Cardina (Ethnologisches Museum)
Estrada Domingos de Ornelas
9400-010 Camacha/Porto Santo

B15

Do–Sa 10.30–12.30 und 14.30–18.30, Mi 10.30–18.30 Uhr
Zeigt eine Sammlung land- und hauswirtschaftlicher Gegenstände von Porto Santo. Museum und Sammlung sind in Privatinitiative von José Cardin entstanden, der dort auch einen Wein der Insel anbietet.

Fährverbindung von Funchal nach Porto Santo

C16

Gut zwei Stunden Fahrtzeit mit der »Lobo Marinho«, Kapazität: 1153 Passagiere. Abfahrt an der südlichen Hafenmole in Funchal. In den Sommermonaten gibt es eine Abfahrt gegen 8 Uhr und im Laufe des Nachmittags (die Zeiten wechseln), Rückfahrt von Porto Santo am späten Vormittag und am späten Nachmittag. Im Winter gibt es nur eine Tagesverbindung. Büro der Porto Santo Line: ✆ 291 21 03 00, www.portosantoline.pt

Flugverbindung von Madeira nach Porto Santo

B15

Täglich mehrere Flugverbindungen mit SATA. Es kommen Maschinen mit 60 Sitzplätzen zum Einsatz. Die Flugzeit beträgt 15 Minuten.
Auskunft Contact Center ✆ 707 22 72 82, www.sata.pt
Sonntags fliegt die TAP Porto Santo direkt von Lissabon an.

Für eine **Inselrundfahrt** muss man sich ein Taxi mieten oder zu einer örtlichen Reiseagentur gehen, die Jeep-Rundfahrten anbietet (Dauer etwa 2–4 Std.). In Vila Baleira kann man auch Fahrräder mieten. ■

Bizarre Basaltsäulen im Westen von Porto Santo

Vista Points Azoren

Reiseregionen, Orte und Sehenswürdigkeiten

Azaleen am Kraterrand der Caldeira das Sete Cidades auf São Miguel

Die Azoren, das sind neun Blumentöpfe im Atlantik, rund 1500 km vom Mutterland Portugal und rund 3600 Kilometer von der amerikanischen Küste entfernt. Umringt von der Weite des Atlantischen Ozeans, kann man an diesem Platz der Erde unbegrenzt die blaue Weite des Meeres erleben.

Die Azoren, das sind rustikale Herzlichkeit und herbe Landschaften zum Staunen: sattgrüne Weiden mit grasenden Kühen, unendlich wuchernde Hortensienhecken, azurfarbene Kraterseen, wildromantische Höhenzüge, rauschende Wasserfälle und vieles mehr. Dabei ist es ganz egal, für welche Inselgruppe des Archipels Sie sich entscheiden. Die östliche Gruppe bilden São Miguel und Santa Maria, die Zentralgruppe Terceira, Faial, Pico, Graciosa und São Jorge und die Westgruppe Flores und Corvo. Von einer Inselgruppe zur anderen zu huschen, ist allerdings nicht so einfach: Zwischen der östlichsten und der westlichsten Insel liegen rund 600 km.

SÃO MIGUEL

São Miguel ist die größte Insel des Archipels. Doch was ist groß? São Miguel füllt mit seinen rund 750 km² noch nicht einmal ein Viertel der Fläche von Mallorca aus. Zugleich ist São Miguel mit über 137 700 Einwohnern die bevölkerungsreichste Insel des Archipels, außerdem die landschaftlich abwechslungsreichste und touristisch am besten erschlossene Insel der Azoren. Wer sich also nur auf ein Eiland konzentrieren will, fährt mit São Miguel am besten.

 Flughafen
4 km westlich von Ponta Delgada

 Fährhafen
Ponta Delgada

Atlanticoline (www.atlanticoline.pt) bietet Autofährverbindungen zwischen allen Inseln außer Corvo.

Ponta Delgada

Das quirlige Ponta Delgada (40 000 Einwohner) an der Südküste São Miguels ist die Hauptstadt der Azoren, wenn auch inoffiziell. Hier befindet sich der bedeutendste Hafen des Archipels, hier haben die Banken, Versicherungen und die meisten diplomatischen Vertretungen ihren Sitz. Hier gibt es Hotels aller Preisklassen, darunter viele von gehobenem, internationalem Standard. Und hier versprühen einige Shoppingcenter und trendige Bars auch einen Hauch von Großstadt.

Das Zentrum Ponta Delgadas erstreckt sich entlang einer weiten Bucht von der Marina im Osten bis zur Praça 5 de Outubro im Westen. Den von Platanen umgebenen Platz grenzt im Norden der **Convento de Nossa Senhora da Esperança** ab. Die reich mit *Azulejos* (bunt bemalte Keramikfliesen) geschmückte Kirche des Klarissinnenklosters steht im Mittelpunkt der größten *Festa* der Azoren, denn sie beherbergt die lebensgroße Holzfigur des Senhor Santo Cristo dos Milagres, der allerhand Wunder nachgesagt werden und die stets am fünften Sonntag nach Ostern in einer großen Prozession durch die Straßen getragen wird. Schon in den Tagen davor herrscht in Ponta Delgada der Ausnahmezustand.

Dem Konvent gegenüber fällt der Blick auf die massiven Festungsmauern des **Forte de São Bras**. Es wurde Mitte des 16. Jh. errichtet, um die Inselbewohner vor Piratenangriffen zu schützen. Heute dient das Fort dem portugiesischen Heer, auch hat man ein **Militärmuseum** darin eingerichtet.

Hinter der Uferpromenade von Ponta Delgada breitet sich ein Wirrwarr aus verschlungenen Straßen und Gassen aus. Dazwischen liegen kleine Plätze und am Largo Matriz die **Igreja Matriz de São Sebastião**. Sie ist die architektonisch interessanteste Kirche Ponta Delgadas (1533–47) und besitzt als einziges Gotteshaus der Stadt einen Glockenturm mit Uhr. Keine fünf Fußminuten sind es von dort bis zum größten Museum des Archipels, dem Mu-

Gelb blühende Canna

seu **Carlos Machado**. Es informiert über die traditionellen Handwerksberufe São Miguels, zudem sind Gemälde azoreanischer Künstler des 19. und 20. Jh. ausgestellt.

Posto de Turismo
Avenida Infante Dom Henrique
9504-769 Ponta Delgada
℅ 296 30 86 28
http://cm-pontadelgada.azorendigital.pt

Militärmuseum im Forte de São Bras
Avenida Infante Dom Henrique, Ponta Delgada
Di–Fr 10–18, Sa 14–16 Uhr
Eintritt € 3
Militärgeschichte des 19. und 20. Jh.

❻ Futurismo
Portas do Mar, Ponta Delgada
℅ 296 62 85 22, www.futurismo.pt
Futurismo gehört zu den etablierten Whale-Watching-Anbietern auf São Miguel.

Colégio 27
Rua Carvalho Araújo, 27, Ponta Delgada
℅ 296 28 89 30, nur Abendessen, kein Ruhetag
Schickes Lokal mit sehr guter Küche und regelmäßiger Live-Musik. Wir empfehlen die Kürbissuppe und danach die Entenbrust. €€€

Casa de Pasto O Avião
Rua do Comandante Jaime de Sousa, 14
Ponta Delgada
℅ 296 28 57 40, So geschl.
Einfaches Lokal mit nettem Hinterhofgarten. Frischer Fisch, gemischtes Publikum, gutes Preis-Leistungs-Verhältnis. €€

Zwischen Ponta Delgada und Caloura

Östlich der Inselmetropole gibt es einige gute Strände, zum Beispiel in **São Roque** und etwas weiter in **Praia do Pópulo**. Rund um **Fajã de Baixo** erstreckt sich eines der größten Ananas-Anbaugebiete São Miguels. Man kann einige Plantagen besuchen und so der saftigen Frucht auf den Zahn fühlen. Die Besichtigung der **Ananasplantage von Dr. Augusto Arruda** versüßt eine Probe des hausgemachten Ananaslikörs. Noch weiter gen Osten passiert man **Lagoa**, das vor allem wegen seiner **Keramikmanufaktur Vieira** bekannt ist. Der 1862 gegründete Familienbetrieb genießt bis heute einen ausgezeichneten Ruf. Den Töpfern kann man bei der Arbeit zusehen.

Über die 3000-Einwohner-Gemeinde **Vila de Água de Pau** erreicht man **Caloura**, einen herrschaftlichen Villenort hinter einem romantischen Fischerhafen. Badestrände säumen die Küste Richtung Vila Franca do Campo.

São Miguel

Die Pfarrkirche von São Roque oberhalb des Praia das Milícias (São Miguel)

Ananasplantage von Dr. Augusto Arruda
Rua Dr. Augusto Arruda, Fajã de Baixo
Tägl. 9–18 Uhr, Eintritt frei
Überblick über Anbau der Ananas. Ananasprodukte (Marmelade, Likör) können gekostet und erworben werden.

Keramikmanufaktur Vieira
Rua das Alminhas 10–12, Lagoa
Mo–Fr 9–18, Sa 9–12.45 Uhr
Eintritt frei
Den Töpfern kann man bei der Arbeit zuschauen. Schüsseln, Krüge, *Azulejos* etc. werden zum Kauf angeboten.

 Restaurante Borda d'Água
Porto dos Carneiros, Lagoa
✆ 296 91 21 14, So Ruhetag

Ein populäres Fischrestaurant – innen kachelgeschmückt, außen nette Terrasse. Die Portionen sind ausgesprochen groß. €€€

Atlantic Aqua Sports
Am Hafen, Caloura
© 296 91 36 39
www.diving-azores.com
Tauchbasis unter englischer Leitung, sehr kompetent.

Vila Franca do Campo
Das gewaltigste Erdbeben, das die Inselgruppe je sah und Vila Franca do Campo 1522 nahezu komplett zerstörte, ist verantwortlich dafür, dass Ponta Delgada zur Hauptstadt São Miguels aufstieg. Heute präsentiert sich die alte Kapitale als ein freundliches 5000-Einwohner-Städtchen mit einem gepflegten Stadtkern.

Dem Ort vorgelagert ist die kleine Felseninsel **Ilhéu de Vila Franca** mit einem grün schimmernden, kreisrunden Kraterpool – herrlich zum Schnorcheln. Das Inselchen wird im Sommer regelmäßig von Booten angesteuert. Im Osten von Vila Franca do Campo liegen die neue **Marina** und der Hausstrand **Praia Vinha d'Areia** mit einem Aquapark dahinter.

Purpurner Fingerhut

Praia Café Restaurante
Praia Vinha d'Areia, Vila Franca do Campo
© 296 53 91 62, Mo geschl.
Trendiges Lokal hinterm Strand. Zeitgemäße azoreanische Küche, kosten Sie die *Chícharros* (»Stichlinge«) mit Zwiebelsauce. €€

Furnas
Das 1500-Einwohner-Städtchen Furnas, in einem wunderschönen Tal gelegen, ist die einzige Siedlung im östlichen Inselinneren. Weitläufige Parkanlagen und pompöse Villen erinnern an jene Zeit, als die Großgrundbesitzer im 18. Jh. den Ort zu ihrer Residenz wählten.

Anfang des 20. Jh. stieg Furnas dank seiner heißen Quellen zu einem Kurort auf. Einen Besuch wert ist der dem gleichnamigen Hotel angeschlossene **Parque Terra Nostra**, eine idyllische Anlage mit einem Badepool (38 °C warmes Wasser). Zeugen der vulkanischen Tätigkeit der Insel sind die so genannten **Caldeiras**, weithin sichtbare Fumarolen im Nordosten von Furnas und am nahen See **Lagoa das Furnas**. In heißen Erdlöchern wird dort der *Cozido* gegart, ein Eintopf aus verschiedenen Fleischsorten, Kartoffeln, Yams und Kraut – unbedingt probieren!

Die Umgebung von Furnas bietet sich für ausgedehnte **Wanderungen** an. Beliebte Touren führen um den Lagoa das Furnas, aber auch hinunter zum Fischerort **Ribeira Quente,** der einen herrlichen Sandstrand aufweist. Den

São Miguel

besten Überblick über das Furnas-Tal erhält man vom **Miradouro do Pico do Ferro** westlich von Furnas.

U/V6

Posto de Turismo
Rua Dr. Frederico Moniz Pereira, 14, 9675-055 Furnas
✆/Fax 296 58 45 25, pt.f.smg@azores.gov.pt

V6

Parque Terra Nostra
Rua Padre José J. Botelho, Furnas
Tägl. 10–19, im Winter bis 18 Uhr, Eintritt € 5
Idyllische Parkanlage mit Thermalbad.

Furnas Golf Course
5 km westlich von Furnas, ausgeschildert
✆ 296 58 43 41, www.azoresgolfislands.com
Im Winter 9–18 Uhr, im Sommer bis Sonnenuntergang, Greenfee € 80
Der 1939 angelegte Golfplatz gilt als bester und anspruchsvollster der Azoren.

Tony's Restaurant
Largo da Igreja, 5, Furnas
✆ 296 58 42 90
Hier kann man die örtliche Spezialität *Cozido* kosten. Reservierung ratsam. Die Portionen sind riesig! Gemütliche Terrasse. €€

Povoação

V7

In der Bucht von Povoação, heute eine recht adrette Kreisstadt, ließen sich im 15. Jh. die ersten Siedler São Miguels nieder. Zuvor hatten sie am Strand einen Ziegenbock an einen Pfahl gebunden. Als dieser nach ein paar Tagen noch lebte, wussten sie, dass es hier keine wilden Tiere gab. Der einst weite Sandstrand ist einer Uferbefestigung gewichen. Zu deren Bau hatte man sich entschlossen, nachdem eine Sturmflut im Herbst 1997 mehrere Häuser zerstörte.

Der Nordosten

T/U 5–8

Die dünnbesiedelte östliche Inselhälfte dominieren Berge, allen voran der **Pico da Vara**, mit 1103 m die höchste Erhebung São Miguels. Die Hänge, von tiefen Tälern durchsetzt, brechen unmittelbar vor dem Meer steil ab. Eine Schnellstraße verbindet die Orte des Nordostens über unzählige Brücken. Schöner aber ist es, das alte Küstensträßchen zu nehmen – zwar eine endlose Kurverei, dafür passiert man herrliche Aussichtspunkte.

Die größten Ortschaften der Region sind **Nordeste** (1400 Einwohner) und **Maia** (2000 Einwohner). Erstere besitzt einen kleinen Fischerhafen unterhalb des fotogenen Leuchtturms am Kap Ponta do Arnel, letztere ein

Auf den Azoren gedeihen 300 verschiedenartige Farne

Museum in einer **ehemaligen Tabakfabrik**, das über den Tabakanbau auf São Miguel informiert. Gleich in der Nähe, bei São Brás, kann man die Teeplantage **Plantações de Chá Gorreana** besichtigen. Der Familienbetrieb produziert bis zu 50 Tonnen Tee im Jahr. Die Azoren sind übrigens der einzige Fleck Europas, an dem Tee angebaut wird.

Zum Baden sucht man am besten das Eck um **Porto Formoso** auf. Porto Formoso, »Schöner Hafen«, trägt seinen Namen zu Recht – das gemütliche Fischerstädtchen thront über einer idyllischen, halbrunden Sandbucht. Westlich davon laden zudem die Strände **Praia Ilhéu** und **Praia dos Moinhos** zu einem Sprung ins kühle Nass ein.

Museum in der alten Tabakfabrik
Estrada de São Pedro, Maia
Mo–Fr 9–16.20, Sa 9.30–12 und 12.30–16.20 Uhr
Eintritt € 2,50
Das Museum befindet sich in den alten Hallen der Tabakfabrik, die bis 1988 vielen Menschen Arbeit gab.

Plantações de Chá Gorreana
An der inselumrundenden Straße zwischen Lomba da Maia und São Brás
Mo–Sa 9–18 Uhr, Eintritt frei
Auf der Teeplantage entstehen jährlich bis zu 40 Tonnen Tee. Bei der Entwicklung der Anbautechnik halfen Chinesen.

Restaurante Tronqueira
Rua da Tronqueira, Nordeste
℗ 296 48 82 92, kein Ruhetag
Fisch- und Fleischgerichte zu fairen Preisen. €

Ribeira Grande
In der zweitgrößten Stadt São Miguels (13 000 Einwohner) lässt sich gemütlich ein halber Tag vertrödeln. Das schmucke Zentrum breitet sich rund um den **Jardim Público** aus, einen kleinen baumbestandenen Platz. Nur ein paar Schritte sind es von dort zur **Igreja Matriz de Nossa Senhora da Estrela**, der 1517 geweihten Pfarrkirche. Zudem gibt es zwei sehenswerte Museen: Im **Volkskundemuseum Museu Municipal** kann man sich über alte Handwerksberufe informieren, im **Museu da Emigração Açoreana** über die azoreanische Emigration.

Danach gönnt man sich am besten noch ein Gläschen Maracujalikör! Auf dessen Produktion hat sich der alteingesessene Familienbetrieb **A Mulher de Capote Eduardo Ferreira** spezialisiert. Er kann besichtigt werden. Südwestlich von Ribeira Grande liegt **Ribeira Seca** mit einem langen gepflegten Sandstrand, der Praia de Santa Bárbara.

Posto de Turismo
Im Busbahnhof an der Rua de Luís Camões

São Miguel

Ribeira Grande: Der Glockenturm der Igreja Matriz de Nossa Senhora da Estrela besteht aus dunklem Basalt (São Miguel)

9600-509 Ribeira Grande
✆ 296 47 43 32, www.cm-ribeiragrande.pt

Museu Municipal
Rua de São Vicente Ferreira 10, Ribeira Grande
Mo–Fr 9–17 Uhr, Eintritt € 1
Das Museum zeigt u.a. unterschiedliche *Azulejos* und stellt regionale Berufe vor.

U4

Museu da Emigração Açoreana
Rua do Estrela, Ribeira Grande
Mo–Fr 8.30–12.30 und 13.30–16.30 Uhr, Eintritt frei
Museum zur Emigrationsgeschichte des Archipels.

Fabrica de Licores Mulher de Capote
Rua do Berquó, Ribeira Grande
Mo–Sa 9–17 Uhr, Eintritt € 1
Die Liköre Eduardo Ferreiras sind auch beliebte Souvenirs, allen voran der Maracujalikör in der kunstvollen Flasche, in Form einer Frau mit Kapotte.

Monte Verde
Rua da Areia 4, Ribeira Grande
✆ 296 47 29 75, Mo geschl.
Gepflegtes Lokal. Frischer, gegrillter Fisch. €€

Serra de Água de Pau
Südlich von Ribeira Grande erhebt sich der Gebirgszug der Serra de Água de Pau. Oft ist er von Wolken umrankt, an klaren Tagen aber lohnt eine Tour ins Inselinnere. Ein beliebtes Ausflugsziel ist z.B. das idyllisch in einem Tal gelegene, kleine Örtchen **Caldeiras,** das ein Thermalbad besitzt. Man passiert es auf dem Weg nach **Lombadas**. Dort

U4/5

U4

Vista Points Azoren

gibt es außer den Ruinen einer ehemaligen Mineralwasserabfüllanlage zwar nicht viel zu sehen, die zerfurchte Landschaft mit ihren Schluchten, Bächen und Wasserfällen berauscht jedoch im wahrsten Sinne des Wortes.

Empfehlenswert ist zudem die Fahrt über **Caldeira Velha** mit einem von üppiger Vegetation umgebenen Badewasserfall zum **Lagoa do Fogo**. Das Gebiet um den smaragdgrünen Kratersee auf 610 m Höhe wurde zum Vogelschutzgebiet erklärt.

❼ Sete Cidades und die Vulkanseen Lagoa Azul und Lagoa Verde

Die malerischen Vulkanseen Lagoa Azul und Lagoa Verde zählen zu den landschaftlichen Höhepunkten São Miguels und sind das Postkartenmotiv der Insel schlechthin. Sie liegen in einer imposanten Caldeira (Einsturzkrater). Mit über zwölf Kilometer Umfang zählt sie zu den größten der Azoren. Die meisten Fotos werden vom Aussichtspunkt **Vista do Rei** geschossen, rund 300 m über dem Grund der Caldeira. Der wegen seines grünlichen Schimmers Lagoa Verde genannte See ist nur durch eine schmale Brücke von seinem blauen Bruder getrennt. Am Ufer des Lagoa Azul, wo traumhafte Picknickplätze zum Grillen einladen, döst das Bauerndorf Sete Cidades vor sich hin, ein guter Ausgangspunkt für Wanderungen.

Lagoa Azul
Rua da Caridade, 18
Sete Cidades
℡ 916 40 58 96 (mobil), kein Ruhetag
Ordentliches Restaurant für hungrige Wanderer. Fr–So gibt es ein reichhaltiges Mittagsbüfett. €

Die Küste der westlichen Inselhälfte

Einfache Bauern- und Fischerdörfer bestimmen die Küste im Westen São Miguels. Dazwischen passiert man immer wieder Aussichtspunkte mit oft atemberaubenden Panoramen. Einen Badeabstecher wert ist der pittoreske Fischerhafen von **Capelas**. Die halbrunde Bucht liegt im Schatten der steilen Klippen des Morro das Capelas, auf dem ein alter ❻ **Walausguck** steht, den heute – zum Glück der Wale – nur noch Walbeobachtungsteams nutzen.

Schöne, dank warmer Quellen im Meer sogar recht kuschelige Bademöglichkeiten, bietet der schwarze Lavastrand des Fischerdorfes **Mosteiros**. Bis zu 70 Grad Celsius heiße Unterwasserquellen heizen auch das Meer am **Kap Ferraria** auf, das man von **Ginetes** aus erreicht. Am Kap gibt es ein modernes Thermalbad mit Außenpool. Mosteiros, Ginetes und die anderen Dörfer der Westküste sind übrigens zweite Heimat vieler deutscher Auswanderer.

Restaurante Cavalo Branco
Largo do Meio Moio 23
Santa Bárbara (zwischen Capelas und Mosteiros)

✆ 296 29 83 65, im Sommer tägl. mittags und abends, Mo nur mittags, im Winter tägl. mittags, Fr/Sa auch abends Regionale Spezialitäten. Zur Blutwurst mit Ananas gibt es selbstgebackenes Maisbrot. €€

SANTA MARIA

R/S 6–8

Die kleine Schwester São Miguels gilt als die sonnigste aller Azoreninseln. Keine 100 km² misst das Eiland. Die märchenhafte Hügellandschaft der östlichen Hälfte besitzt einige gute Bademöglichkeiten. Der Westen der Insel präsentiert sich hingegen als eine weite Ebene. Während des Zweiten Weltkriegs bauten die Amerikaner darauf einen Luftwaffenstützpunkt. Bis in die 1960er-Jahre, als Großraumjets den Atlantik ohne Zwischen- bzw. Tankstopp überfliegen konnten, machte hier alles Halt, was über den großen Teich wollte.

Flughafen
4 km von Vila do Porto entfernt

S7

Fährhafen
Vila do Porto

S7

Atlanticoline (www.atlanticoline.pt) bietet Autofährverbindungen zwischen den meisten Inseln des Archipels.

Thunfischfang auf Santa Maria

Vista Points Azoren

Vila do Porto
Die »Hauptstadt« Santa Marias ist nicht mehr als ein großes Dorf nahe dem Flughafen. 3000 Menschen wohnen hier und damit etwas mehr als die Hälfte aller Einwohner der Insel. Nahezu sämtliche bedeutende Einrichtungen und die wenigen »Sehenswürdigkeiten« liegen entlang der Nord-Süd-Achse, der Rua Dr. Luís Bettencourt.

Dazu gehören das **Convento de Nossa Senhora da Vitória**, ein Franziskanerkloster aus dem 17. Jh., in dem heute einige Ämter untergebracht sind, und die Pfarrkirche **Igreja Nossa Senhora da Assunção**, die zu den ältesten der Azoren gehört (15. Jh.). Hält man sich auf der Hauptstraße gen Süden, erreicht man das den Hafen beschützende **Forte São Bras**, eine frei zugängliche Festungsanlage aus dem 16. Jh. Danach bietet sich ein Getränk auf der gemütlichen Terrasse des Clube Naval am Hafen an.

Posto de Turismo
Apartado 560 (im Flughafenterminal)
9560 Vila do Porto
✆ 296 88 63 55, www.cm-viladoporto.pt

Restaurante Os Marienses
Rua do Cotovela, Vila do Porto
✆ 296 88 24 78, kein Ruhetag
Zu den Spezialitäten des Hauses gehört Stockfisch. Guter Service. €

Anjos und Praia
Die interessantesten Ziele der westlichen Inselhälfte sind Anjos und Praia. In **Anjos**, einer kleinen abgeschiedenen Ortschaft an der Nordküste, ging 1493 Kolumbus an Land, um in der **Kapelle Nossa Senhora dos Anjos,** einer der ältesten der Azoren, zu beten. Heute hat Anjos in erster Linie als Feriensiedlung Bedeutung, in der es an Sommerwochenenden recht lebhaft zugeht. Zum Baden fährt man aber besser in die **Praia Formosa**.

Die weite Bucht lockt mit einem langen Sandstrand, hinter dem ein paar weiß getünchte Häuser den Hang hochklettern. Alljährlich im August geht hier das Musikfestival »Maré de Agosto« über die Bühne, bei dem selbst internationale Größen auftreten und die Insel zum Tollhaus wird.

O Paquete
Am Strand, Baía da Praia
✆ 296 88 60 15, kein Ruhetag
Restaurant und Bar in einem schiffartigen Gebäude mit schöner Terrasse. €€

Der Inselosten
Der 587 m hohe **Pico Alto**, die höchste Erhebung der Insel, grenzt den Westen Santa Marias vom Osten ab. Hügel um Hügel, Bilderbuchbuchten und schmucke Dörfer wie **San-**

Santa Maria

ta **Bárbara** oder **Santo Espírito** kennzeichnen ihn. Beschaulichkeit ist Trumpf.

In Santo Espírito lädt das **Museu de Santa Maria** zu einer Visite ein, viele Exponate erinnern an jene Zeit, als die Insel das Töpferzentrum des Archipels war. Zum Schönsten jedoch, was Santa Maria zu bieten hat, gehört **São Lourenço**. Die kleine Siedlung erstreckt sich an der gleichnamigen Badebucht, dahinter steigen die terrassierten Hänge steil an, auf denen Wein angebaut wird. Fast alle Gebäude dienen als Ferienhäuser, genauso wie in **Maia** im äußersten Südosten der Insel. Auf dem Weg dorthin passiert man den 1928 errichteten Leuchtturm **Farol de Gonçalo Velho**, der imposant auf einem Felsen thront.

R8/S8
S8
R8
S8
R8

Museu de Santa Maria
Rua de Santa Maria, Espírito Santo
Di–Fr 9–12 und 14–17 Uhr, Eintritt € 1,50
Töpferei- und Heimatmuseum in einem Landhaus unweit der Kirche.

S8

Wahoo Diving
Forno (zwischen Santo Espírito und São Lourenço)
℡/Fax 296 88 40 05
www.wahoo-diving.de
Deutsche Tauchschule mit hervorragendem Ruf. Zuweilen auch Tauchfahrten zu den Formigas, einer Felsgruppe 37 km nördlich von Santa Maria, die zu den besten Revieren der Welt zählt.

S8

Snackbar & Restaurante Sol da Manhã
Gegenüber der Kirche, Santo Espírito
℡ 296 88 41 38, So Ruhetag
Besitzer Manuel kredenzt gute Fischgerichte. Mit Terrasse. €€

S8

Die weite halbmondförmige Bucht der Baia de São Lourenço (Santa Maria)

Vista Points Azoren

TERCEIRA

Landschaftlich steht das 397 km² große Terceira den anderen Inseln etwas nach: Es fehlen die spektakulären An- und Ausblicke. Attraktiv ist Terceira aber dennoch allemal. Egal wohin man sich wendet: Es grüßen Kühe von saftigen Weiden. Rund 50 000 Rinder zählt das Eiland und in etwa die gleiche Zahl an Einwohnern. Beide treffen sich zum Stierkampf auf der Straße – ein Highlight (vgl. Kasten, S. 60). Zudem besitzt Terceira mit Angra do Heroísmo eine der malerischsten Azorenstädte.

 Flughafen – Nahe Vila da Praia da Vitória, ca. 20 km von Angra do Heroísmo entfernt

 Fährhafen
Cabo da Praia, in der Bucht von Vila da Praia da Vitória
Atlanticoline (www.atlanticoline.pt) bietet Fährverbindungen zwischen den meisten Inseln des Archipels.

 ❽ **Angra do Heroísmo**
Angra do Heroísmo (18 000 Einwohner) ist nicht umsonst UNESCO-Welterbe. Die prächtige Renaissancestadt schmücken pompöse Paläste, Klöster und Kirchen. Den Reichtum verdankte Angra seiner Lage an einer geschützten Bucht. Diese war einst Ankerplatz all jener Schiffe, die, beladen mit Gold, auf dem Weg von der Neuen Welt zurück nach Europa waren. Das frische Wasser und den Proviant für die Weiterreise ließen sich die Einwohner Angras in Gold aufwiegen.

Vom Hafen führt die Rua Direita ins geschäftige Zentrum. Dort steht die **Sé Catedral** aus dem 16. Jh., das größte Gotteshaus der Azoren. Nur ein Katzensprung ist es von hier zum **Palácio Bettencourt**. Der imposante Bau mit Barockfassade aus dem 17. Jh. beherbergt heute eine der bedeutendsten Bibliotheken Portugals.

Am Fuß des Stadtparks **Jardim Público** im Norden von Angra informiert das in einem ehemaligen Konvent untergebrachte **Museu de Angra do Heroísmo** über die Stadtgeschichte. Auch der liebevoll angelegte, blumenprächtige Stadtpark selbst, der sich den Hang hinaufzieht, ist einen Besuch wert. Ganz oben steht der **Obelisco da Memória** zu Ehren Dom Pedros, der sich 1833 von den Azoren nach Lissabon aufgemacht hatte, um seinen Bruder, den Despoten Dom Miguel, vom Thron zu stürzen. Die Aussicht von dort ist herrlich, genauso wie vom 205 m hohen **Monte Brasil**, dem Hausberg Angras. Auf dem Weg nach oben passiert man das **Castelo de São João Baptista**, eine Festungsanlage aus dem späten 16. Jh. mit fast fünf Kilometer langen Wällen. Heute sitzt hier das Militär, das jedoch nichts gegen Besucher hat.

Kapuzinerkresse

Terceira

Angra do Heroísmo ist die architektonisch schönste Stadt der Azoren (Terceira)

Posto de Turismo
Rua Direita, 74, Angra do Heroísmo
℡ 295 40 48 00, www.cm-ah.pt

Museu de Angra do Heroísmo
Ladeira São Francisco, Angra do Heroísmo
Di–Fr 9.30–17, Sa/So 14–17 Uhr, Eintritt € 2
Museum zur Stadtgeschichte.

Castelo de São João Baptista
Angra do Heroísmo
Tägl. 10–11, 14–15 und 16–17 Uhr, Eintritt frei
Die große Festung sicherte den Osten der Bucht.

Case do Peixe
Estrada Gaspar Corte Real, Angra do Heroísmo
℡ 295 21 76 78, kein Ruhetag
Das renommierte Lokal in einem Glaspalast nahe der Marina hat sich auf Fisch spezialisiert. Man bekommt ihn auch in einem Dachziegel *(Telha)* serviert. €€€

Zwischen Angra do Heroísmo und Praia da Vitória

Die beiden größten Städte Terceiras verbindet eine Schnellstraße durchs Inselinnere, doch viel schöner ist es, an der Küste entlang zu tuckern. Dabei kommt man an **Porto Judeu** vorbei, einem friedlichen 2500-Seelen-Ort an einem beschaulichen Hafen.

In der **Baía da Salga**, zwei Kilometer weiter östlich, kann man sich in einem kleinen Meerwasserschwimmbecken abkühlen. Auch in der **Bucht von Salgueiros** und in **Porto Martins**, einer weit verstreuten Feriensiedlung, bestehen Bademöglichkeiten. Den fehlenden Sandstrand ersetzen in beiden Fällen Betonplattformen.

S3–R4

S/T3

S/T3/4

S4

Praia da Vitória

Praia heißt »Strand« und der hiesige Sandstrand gehört zu den größten der Azoren. Zwei mächtige Dämme schützen ihn, denn die Bucht von Praia ist zugleich der Container-

R4

Tourada à Corda – der Stierkampf am Strick
Terceira ist bekannt für seine Stierkämpfe. Dabei ziehen so genannte *Mascardos* einen Stier am Strick durch die Straßen (zuweilen aber auch umgekehrt), während junge Aufschneider versuchen, sich dem Tier zu nähern und es zu reizen, bis es mit den Hufen scharrt. Dann kommt Stimmung im Publikum auf, das sich in Gärten und hinter Zäunen an der Straße verschanzt hat – denn die Mascardos lassen dem Tier viel Leine.

Stierkämpfe finden den ganzen Sommer über statt, wo genau, weiß die Touristeninformation von Angra.

Stierkampf auf der Straße in Angra do Heroísmo (Terceira)

hafen der Insel. Hier gehen auch all jene Güter an Land, die die nahe US-Militärbasis benötigt. Das Städtchen, übrigens halb so groß wie Angra, profitiert davon.

Über Praia wacht – ähnlich der Christusstatue in Rio de Janeiro – eine nachts angestrahlte **Muttergottesstatue** auf der Ponta da Má Merenda, einer Landzunge mit Aussichtspunkt. Sie wurde erst zur Jahrtausendwende errichtet. Viel älter ist die im Inneren reich verzierte **Igreja Matriz de Santa Cruz** (15. Jh.) im Zentrum.

R4

Tropical Point
Avenida Álvaro Martins Homen, 11, Praia da Vitória
℡ 295 54 21 67, www.tropical-point.com, Mo geschl.
Gemütliches Lokal, das auch Gerichte mit brasilianischem Einschlag serviert. €€

Die Nordküste

Den idyllischsten Badeplatz der Nordküste findet man an der **Ponta das Quatro Ribeiras** östlich des gleichnamigen Dorfes: Aus dem Meer ragende Lavafelsen wurden mittels Stegen und Treppen verbunden und bilden so natürliche Pools.

Q2/3

Der 1425-Einwohner-Ort Biscoitos ist stolz auf das **Weinmuseum der Adega Brum**. Es informiert über die Geschichte des Weinanbaus auf Terceira und lädt zur Degustation. Danach lohnt ein Abstecher zum **Miradouro do Raminho** im Westen von Raminho, einem alten Walausguck – wer Glück hat, sieht einen Riesensäuger vorüberziehen.

Q/R2

Q1

Q/R2

Weinmuseum der Adega Brum
Cabada do Caldeiro, Biscoitos
Di–So 10–12 und 13.30–17.30 Uhr, Eintritt frei
Das Museum wurde 1990 zum 100-jährigen Bestehen des Weinbaubetriebs eingerichtet.

Terceira

Die Westküste

Nach Eukalyptusbäumen duftet es in der **Mata da Serreta**, einem märchenhaften Picknickplatz mit plätscherndem Brunnen. Etwas weiter südlich liegt an der **Ponta do Queimado** ein Aussichtspunkt bei einem weiteren alten Walausguck – ein herrlicher Ort zum Sonnenuntergang.

Zugpferd des 700-Einwohner-Dorfes **Cinco Ribeiras** ist die Käserei **Queijaria Vaquinha**. Das unverfälschte Dorf **São Mateus da Calheta** ist bekannt für seine guten Fischlokale. Früher stachen von hier die Walfangboote in See, in der **Casa dos Botes Baleeiros** kann man ein paar der alten Boote unter die Lupe nehmen.

R1
R1
S2
S2

Queijaria Vaquinha
Canada do Pilar 5, Cinco Ribeiras
Mo–Fr 9–22, Sa/So 15–22 Uhr, Eintritt frei
Kostproben sind in der Käserei möglich.

S2

Casa dos Botes Baleeiros
Am Hafen, São Mateus da Calheta
Tägl. 14–17 Uhr, Eintritt frei
Ausgestellte Walfangboote.

S2

Quinta do Martelo
Canada do Martelo, São Mateus da Calheta
℡ 295 64 28 42, www.quintadomartelo.com, Mi geschl.
Rustikales Restaurant in einem alten Landgut. Traditionelle Küche, sehr gut ist der Fischeintopf *Alcatra de peixe*.
€€

S2

Das Inselinnere

Das Inselinnere ist die Heimat der Rinder. Sie weiden an den Hängen der **Serra de Santa Bárbara**, der mit 1021 m höchsten Erhebung Terceiras. Grasüberzogene Krater, ein paar Wälder und kleine Seen prägen die Ausläufer. Zu besichtigen gibt es einige Höhlen, wie die 100 m tiefe **Algar do Carvão**. Hier steigt man über Treppen durch den Schlot eines erloschenen Vulkans ins Innere der Erde. Die über 500 m lange Lavaröhre **Furna d'Agua** ist durch einen Ausbruch vor rund 2000 Jahren entstanden. Nahe der Algar do Carvão lassen die **Furnas do Enxofre** nach Schwefel riechende Dampfschwaden aufsteigen.

R1/2
R2
R/S3
R2

Furna d'Agua
Von der Schnellstraße Angra–Praia ausgeschildert
℡ 295 20 48 40, Besichtigung nur nach Voranmeldung
In dem alten Lavafluss gibt es auch Tropfsteine.

R/S3

Algar do Carvão
Im Inselinneren bestens ausgeschildert
Tägl. Juli/Aug. 14–18, Juni und Sept. 14.30–17.45, Ende März bis Ende Mai und 1.–15. Okt. 15–17.30 Uhr, Eintritt € 5
Der Vulkanschlot heißt »Kohlengrube«, da sein Gestein in Farbe und Konsistenz Kohle ähnelt.

R2

Vista Points Azoren

»Mariscos«, Meeresfrüchte in der »Cataplana«

GRACIOSA

R/S 5/6

Graciosa, das mit 61 km² kleinste Eiland der Zentralgruppe, tanzt etwas aus der Reihe. Die Insel weist für azoreanische Verhältnisse kaum Erhebungen auf. Nur fünf Prozent der Fläche steigen auf Höhen über 300 m an, bei der Nachbarinsel São Jorge sind es 70 Prozent. Auf den Anhöhen fallen immer wieder alte Windmühlen ins Auge, dazwischen wird zuweilen Wein angebaut. Für die Viehwirtschaft haben die knapp 4400 Insulaner weniger übrig.

 Flughafen
2 km von Santa Cruz da Graciosa entfernt.

 Fährhafen
Praia (São Mateus)
Atlanticoline (www.atlanticoline.pt) bietet Fährverbindungen zwischen den meisten Inseln des Archipels.

Santa Cruz da Graciosa
Santa Cruz da Graciosa ist der größte Ort der Insel. Geruhsam geht es auf dem mit Araukarien bestückten Hauptplatz **Rossio** zu. Die Bäume spiegeln sich in zwei Becken, einstige Trinkwasserreservoirs. Die Dächer der Häuser werden von den Türmen zweier Kirchen überragt. Das einzige Museum des Städtchens ist das **Museu da Graciosa** mit Ausstellungen über die Geschichte des Weinanbaus auf Graciosa, über Landwirtschaft und Handwerk. Das größte private Weingut der Insel, die kleine Kelterei **Terra do Conde** am Stadtrand, kann besucht werden. Lohnend ist auch ein Ausflug auf den **Monte da Ajuda**, den 103 m hohen Hausberg von Santa Cruz – drei Einsiedlerkapellen gibt es dort, dazu herrliche Ausblicke.

Posto de Turismo
Rua Castilho 7
9980-355 Santa Cruz da Graciosa
℅ 295 71 25 09
www.cm.graciosa.pt

 Museu da Graciosa
Rua das Flores 2
Santa Cruz da Graciosa
Mo–Fr 9–12.15 und 14–17.15 Uhr
Eintritt € 1
Volkskundemuseum in einem alten Herrenhaus.

 Weingut Terra do Conde
Av. Mouzinho de Albuquerque
Santa Cruz da Graciosa
Mo–Fr 14–17 Uhr
Eintritt frei
Eine Weinprobe ist immer möglich.

Graciosa

 Costa do Sol
Largo da Calheta, Santa Cruz da Graciosa
© 295 71 26 94, kein Ruhetag
Einfaches Lokal mit regionaler Küche und freundlichem Service. €

R5

Der Nordwesten

Baden kann man am Picknickplatz **Barro Vermelho**, wo ein paar vorgelagerte Felsen natürliche Schwimmbecken bilden, und am **Porto Afonso**, der auch bei Anglern beliebt ist.

R5

Gen Süden wird der dünn besiedelte Nordwesten der Insel durch den Höhenzug der **Serra Branca** vom Rest der Insel abgegrenzt. Höchste Erhebung der Serra Branca stellt die **Caldeirinha** dar (»Kleine Caldeira«, 363 m), die einen Blick vom Kraterrand in den tiefen Schlot des erloschenen Vulkans offenbart.

S5

Die Ost- und Südküste

S6

An diesem Küstenabschnitt dominieren unauffällige Straßendörfer. Aus der Reihe fallen Praia und Carapacho. **Praia**, auch **São Mateus** genannt, besitzt den bedeutendsten Hafen der Insel, den Fähr- und Containerschiffe ansteuern. Der Sandstrand neben dem Hafen wird leider durch eine hohe Ufermauer von der Stadt getrennt. Einen schönen Blick über Praia und das vorgelagerte Inselchen **Ilhéu da Praia** hat man von der **Kapelle Nossa Senhora da Saúde** hoch über der Stadt.

Die hübsche Siedlung **Carapacho**, übrigens die erste der Insel, zieht Touristen wegen ihres über 100 Jahre alten **Thermalbads** an. Hier kann man im 35 bis 40 °C warmen Wasser relaxen.

 Termas do Carapacho
Carapacho
Di–Fr 10–19, Sa/So 14–19 Uhr, Eintritt € 7
Ein Bad in diesen Thermen soll gegen Rheuma und Hautkrankheiten helfen.

S6

Am Strand von São Mateus auf Graciosa tummelt sich im Sommer gern die halbe Insel

Vista Points Azoren

Die Caldeira
Die Caldeira (Durchmesser 1200 m) im Südosten der Insel ist *die* Sensation Graciosas. Im Inneren des imposanten Kraters, der teils bewaldet ist und teils als Weideland genutzt wird, liegt der Zugang zur **Furna do Enxofre**. Die Höhle, in deren Tiefe sich ein Kratersee befindet, ist ein grandioses Naturphänomen. Der Ozeanforscher Prinz Albert von Monaco, der die Höhle 1879 erkundete, musste sich noch durch den 80 m tiefen Vulkanschlot abseilen, heute erleichtert ein Treppenschacht den Zugang.

Furna do Enxofre
Mitte Juni–Mitte Sept. tägl. 10–18, Mai–Mitte Juni Di–Fr 9.30–17.30, Sa 14–17.30, Mitte Sept.–Ende April Di–Sa 14–17.30 Uhr, Eintritt € 2,50
Bootsfahrten sind in der Höhle nicht mehr möglich.

SÃO JORGE

São Jorge ist eine der schönsten Azoreninseln, dazu eine ziemlich eigenartige: 56 km lang, nur 8 km breit und bis zu 1000 m hoch. Im Bergland reiht sich ein vom Moosen und Gräsern begrünter Vulkankegel an den nächsten. Wanderungen auf dem Inselkamm können – klare Sicht vorausgesetzt – zu einem unvergesslichen Erlebnis werden. 9700 Einwohner zählt São Jorge, fast alle leben nahe der Küste.

Flughafen
Ca. 7 km südlich von Velas

Fährhäfen
Velas und Calheta
Regelmäßige Fährverbindungen nach Pico und Faial, mit der Atlanticoline auch zu den Inseln der Ost- und Westgruppe (www.atlanticoline.pt).

Velas
Wer Velas mit dem Schiff ansteuert, betritt die nett restaurierte Altstadt durch das über 200 Jahre alte **Hafentor Portão do Mar**. Zentraler Treffpunkt ist der freundliche Stadtpark **Jardim da República**, wo an Sommerabenden Blaskapellen aufspielen. Zwischen Stadtpark und Hafen steht die Pfarrkirche **Igreja Matriz de São Jorge** aus dem frühen 19. Jh. Ihr angegliedert ist das kleine **Museu de Arte Sacra** mit sakralen Kunstwerken. Im Westen dehnt sich das Städtchen bis zum 161 m hohen Vulkanfelsen **Morro Grande** aus.

Posto de Turismo
Rua Dr. José Pereira, 9800-530 Velas
✆/Fax 295 41 24 40
http://cm-velas.azoresdigital.pt

São Jorge

Museu de Arte Sacre
Largo da Matriz, Velas
Mo–Fr 9.30–12 und 14–17, Sa 9.30–12 Uhr, € 1
Das Museum mit Devotionalien und Heiligenfiguren befindet sich in der Kirche Matriz de São Jorge.

M3

Restaurant Açor
Largo da Matriz, 41, Velas
© 295 41 23 62, kein Ruhetag
Guter Reis mit Oktopus, Außenbestuhlung am Platz. €€

Zur Westspitze

Die Fahrt in den Westen der Insel lohnt vor allem wegen des **Parque das Sete Fontes**, eines gepflegten Forstparks mit Kapelle, Tiergehegen und spektakulären Aussichtspunkten. In der Ferne sieht man an klaren Tagen Graciosa und Terceira. Auf dem Rückweg kann man bei der **União de Cooperativas Agrícolas de Lacticínios de São Jorge**, einer 1927 gegründeten **Käsekooperative**, einen Stopp einlegen. Der *Queijo São Jorge* gilt als der beste Käse der Azoren. Nahezu jeder Liter Milch der 35 000 Inselkühe wird zu Käse verarbeitet.

L3

Käsekooperative
Canadinha Nova (an der Durchgangsstraße in Beira)
Di 13.30–16.30, Do 10–11.30 Uhr, Eintritt € 1,50
Älteste Käserei der Insel.

L3

Zwischen Velas und Calheta

Die beiden größten Orte der Insel verbindet eine meist hoch über der Küste verlaufende, mit Aussichtspunkten gespickte Straße. Bei gutem Wetter begeistert der Anblick des mächtigen Vulkans Pico auf der gleichnamigen Nachbarinsel. *Der* Badespot unterwegs ist der freundliche 900-Einwohner-Ort **Urzelina**, der ein paar alte Herrenhäuser,

M3–N5

M4

Der »Queijo São Jorge« gilt mit seinem pikanten Geschmack als der beste Käse der Azoren

Vista Points Azoren

schöne Buchten und einen recht großen Pool in Hafennähe bietet. Der verträumte Fischerhafen von **Manadas** wird von der St.-Barbara-Kirche überragt, der schönsten Barockkirche von São Jorge (18. Jh.). Einen Kilometer östlich davon liegt die **Fajã das Almas** mit einem kleinen Hafen, in dem man auch schwimmen kann.

Über **Biscoitos**, das eine reizende Heilig-Geist-Kapelle besitzt, führt der Weg in das 1200 Einwohner zählende Küstenstädtchen **Calheta**, das sich vom Meer den Hang hochzieht. Das kleine Heimatmuseum informiert über den auf São Jorge geborenen Musiker Francisco de Lacerda (1869–1934). Im Westen schließt sich die Nachbargemeinde **Fajã Grande** mit einem Naturschwimmbecken an.

Museu da Calheta
Rua José Azevedo da Cunha, Calheta
Mo–Fr 9–17.30 Uhr, Eintritt frei
Neben der permanenten Exposition auch Wechselausstellungen.

Restaurante Manezinho
Östlich des Hafens, Urzelina
🕿 295 41 44 84, Mo geschl.
Hier isst man unter Einheimischen. Sonntags wird ein abwechslungsreiches Büfett aufgebaut. €€

Die Ostspitze

Fast 30 km sind es von Calheta nach Topo am üppig grünen Ostzipfel der Insel. Dazwischen zweigt von Ribeira Seca eine Stichstraße in die **Fajã dos Vimes** ab, wo man in der **Casa de Artesanato** den Teppichweberinnen bei der Arbeit zusehen kann. Die schönste Fajã der östlichen Inselhälfte ist jedoch die **Fajã de São João** am Fuß einer fast senkrecht ansteigenden Wand.

Vom beschaulichen **Topo** kann man weiterfahren zum Leuchtturm an der **Ponta do Topo**, der den äußersten Osten der Insel markiert.

Casa de Artesanato
Nahe der Kirche, Fajã dos Vimes
Unregelmäßig geöffnet, Eintritt frei
Teppichweberei.

Die Nordküste

Sie ist ähnlich reizvoll wie die Südküste, nur dünner besiedelt. Auch hier bestimmen Fajãs das imposante Küstenszenario. Von **Norte Pequeno** erreicht man die **Fajã dos Cubres** noch mit dem Auto – die Strecke ist ein Erlebnis. Um von dort in die **Fajã da Caldeira de Santo Cristo** zu gelangen, muss man jedoch zu Fuß weiter. Sieben Personen leben noch in der bei Surfern beliebten Fajã. Von **Norte Grande**, der mit 530 Einwohnern größten Ortschaft der Nordküste, führt eine Serpentinenstraße hinab in die **Fajã do Ouvidor**, ein Dorf mit wildromantischem Hafen.

FAIAL

Faial ist mit rund 170 km² die fünftgrößte bzw. fünftkleinste Insel des Archipels, aber dennoch alles andere als mittelmäßig: Eine mächtige Caldeira, schöne Strände, das geheimnisvolle Vulkangebiet von Capelinhos und ein charmanter Yachthafen mit Weltenbummleratmosphäre sorgen für Abwechslung. Faials Zweitname *Ilha Azul*, »Blaue Insel«, hat seinen Ursprung in den vielen blauen Hortensienhecken. Rund 15 000 Einwohner zählt das Eiland, das gerade 20 Seemeilen von São Jorge und keine fünf Seemeilen von Pico entfernt liegt.

Flughafen
Bei Castelo Branco, ca. 10 km von Horta entfernt

Fährhafen Horta
Regelmäßige Fährverbindungen nach Pico und São Jorge, mit der Atlanticoline (www.atlanticoline.pt) auch zu den Inseln der Ost- und Westgruppe.

❾ Horta

Horta, der Hauptort Faials, ist für viele die schönste Stadt des Archipels – nicht zuletzt wegen des stets präsenten Blicks auf die Nachbarinsel Pico mit ihrem mächtigen Vulkan. In der weiten Bucht reihen sich vornehme Herrenhäuser, Kirchen und Paläste aneinander. Dazwischen liegen das **Castelo de Santa Cruz**, heute ein gehobenes Hotel, und die **Marina** mit ihren schaukelnden Yachten. Rund 5000 Segler machen hier jährlich auf ihrem Törn über den Atlantik fest, fast jede Besatzung verewigt sich mit einem farbenfrohen Bild an der Mole.

Zum Baden zieht man im Sommer an den Sandstrand der Nachbarbucht von **Porto Pim**. Noch bis in die 1970er-Jahre brachten hier Walfänger ihre Beute an Land. In der

Holländischen Windmühlen nachempfunden: die »Moinhos de Vento« bei Horta (Faial)

Vista Points Azoren

alten Walfabrik **(Fábrica da Baleia)** erinnert heute ein Museum daran. Ein anderes Museum, das **Museu da Horta**, ist in einem ehemaligen Konvent untergebracht. Zu den schönsten Exponaten gehören die Miniaturen aus Feigenbaummark des auf Faial geborenen Künstlers Euclides Silveira da Rosa. Neben dem Museum steht die **Igreja Matriz São Salvador** aus dem späten 17. Jh., eine von mehreren prächtigen Kirchen Hortas.

Posto de Turismo
Rua Vasco da Gama, 9900-112 Horta
✆ 292 29 22 37, www.cmhorta.pt

Fábrica da Baleia
Porto Pim, Horta
Juni–Sept. tägl. 10–18, sonst Mo–Fr 9.30–16.30, Sa/So 14–17.30 Uhr, Eintritt € 2,50
Das Museum erinnert an die Zeit, als in der Bucht von Porto Rim noch Wale weiterverarbeitet wurden.

Museu da Horta
Largo Duque Ávila Boloma, Horta
Di–Fr 10–12.30 und 14–17.30, im Sommer auch Sa/So 14–17.30 Uhr, Eintritt €2
Das Stadtmuseum befindet sich in einem Teil des ehemaligen Jesuitenkollegs.

❻ **Diver Norberto**
Kiosk am Hafen, Horta
✆ 962 82 40 28 (mobil), www.norbertodiver.com
Eine der besten Adressen für Whale-Watching, Tauchen und Schwimmen mit Delfinen vor Ort.

Pousada de Santa Cruz
Rua Vasco da Gama, Horta
✆ 292 20 22 00, kein Ruhetag
Gepflegtes Restaurant des gleichnamigen Hotels im alten Kastell. Extravagante Küche wie Carpaccio auf Ananassalat oder *Cataplana*, ein Eintopf in einer Kupferpfanne.
€€€

Peter Café Sport
Peter Café Sport ist nicht nur irgendein Café, es ist eine Institution. Selbst auf der EXPO 98 in Lissabon war es als Nachbau zu sehen. Der Seglertreff wird seit 1918 von der Familie Azevedo geführt. Ein T-Shirt von Peter Café Sport gilt bei Seglern als »Nachweis« der Atlantiküberquerung. Neben dem angeblich besten Gin im Umkreis von mehreren Tausend Seemeilen gibt es auch gute Snacks (€€) und im 1. Stock das Scrimshaw-Museum, sprich: kunstvoll gravierte Walfischzähne.

Rua José Azevedo, Horta
✆ 292 39 20 27, Fax 292 39 12 87
www.petercafesport.com, kein Ruhetag

Gravierter Walzahn im Scrimshaw-Museum in Horta (Faial)

Faial ⭐

Vor der Kulisse des Pico Alto auf der Nachbarinsel Pico schaukeln die Yachten in der Marina von Horta (Faial)

Die Ostküste

Entlang der Küstenstraße reiht sich ein langes Straßendorf an das nächste. Viele, wie **Ribeirinha**, wurden durch das Erdbeben im Juli 1998 stark in Mitleidenschaft gezogen. Die Erdstöße hatten eine Stärke von 5,8 auf der Richterskala. Deshalb sieht man hier unzählige Neubauten.

Zum Relaxen lädt die rund acht Kilometer nördlich von Horta gelegene dunkle Sandbucht **Praia do Almoxarife** ein. Auch am **Porto de Salão**, dem alten Hafen unterhalb der Steilküste von Salão, kann man bei ruhiger See baden.

Die Nordküste

Cedros ist mit rund 900 Einwohnern die größte Ortschaft der Nordküste. Im Ortskern gibt es ein paar Cafés und eine Bank und am westlichen Ende steht eine große Molkerei. Rund 50 000 Liter Milch werden hier täglich verarbeitet. 6 km weiter liegt **Ribeira Funda**, die Straße dorthin säumen ein paar schöne Aussichtspunkte.

Über **Praia da Norte** gelangt man in die **Baía da Ribeira das Cabras** mit einem großen schwarzen Sandstrand am Fuß der Steilküste.

Ponta dos Capelinhos

Die westliche Inselspitze ist der touristische Hotspot Faials. Hier spuckte der gleichnamige Vulkan 1957/58 mehr als 30 Millionen Tonnen Asche und Lava aus. Der gesamte Westen Faials musste damals evakuiert werden. Zurück blieben eine vegetationslose Mondlandschaft und dazwischen die Ruine eines Leuchtturms.

In der Nachbarschaft wurde 2008 ein architektonisch überaus interessantes, unterirdisches (!) Museum eröffnet: Das **Centro de Interpretação do Vulcão dos Capelinhos** setzt sich eindrucksvoll mit den Vorgängen von 1957/58 auseinander.

Vista Points Azoren

Centro de Interpretação do Vulcão dos Capelinhos
Capelo
Juni–Sept. tägl. 10–18, sonst Di–Fr 9.30–16.30, Sa/So 14–17.30 Uhr, Eintritt € 10
Multimedia-Ausstellung zum Ausbruch des Vulkans.

Die West- und Südküste

An der Westküste lohnt **Varadouro**, das man über Areeiro erreicht, einen Abstecher. Der hübsche Ferienort mit etlichen schicken Sommervillen prahlt mit einem tollen Naturschwimmbecken.

Das Thermalbad von Varadouro ist seit dem Erdbeben von 1998 leider geschlossen. Die Straße von Areeiro nach Horta passiert **Castelo Branco** nahe dem Flughafen, dann die Ortschaft **Feteira** und kurz danach die **Ponta Furada**, eine bizarre Lavasteinformation mit einem Torbogen im Meer.

Die Caldeira

Die mächtige Caldeira beherrscht das menschenleere Inselinnere. Der imposante Vulkankegel, der am **Cabeço Gordo** auf 1043 m ansteigt, hat einen Durchmesser von eineinhalb bis zwei km. Die Caldeira kann in etwa drei Stunden zu Fuß umrundet werden.

PICO

Pico zählt in etwa die gleiche Einwohnerzahl wie Faial, ist aber mehr als doppelt so groß. Was Pico nicht hat, sind gute Badestrände. Doch auch ohne die gehört die Insel zu den attraktivsten des Archipels. Die Landschaft, beherrscht vom majestätischen 2351 m hohen ❿ **Pico Alto**, ist unvergleichlich. Zu dessen Füßen erstrecken sich uralte Weinanbaugebiete, die seit 2004 in der UNESCO-Welterbeliste zu finden sind. Und noch einen Superlativ gilt es zu nennen: Pico zählt zu den besten ❻ Whale-Watching-Adressen weltweit.

Ein Bild der Gegensätze: das dunkle Blau des Atlantik und schwarzes Lavagestein an der Ponta dos Capelinhos, der westlichen Inselspitze Faials

Flughafen – Im Nirgendwo zwischen Madalena do Pico und São Roque do Pico.

O4

 Fährhäfen
Madalena und Cais do Pico (São Roque do Pico) Regelmäßige Fährverbindungen nach Faial und São Jorge, mit der Atlanticoline auch zu den Inseln der Ost- und Westgruppe (www.atlanticoline.pt).

O3
O5

Madalena do Pico

Keine Stunde braucht die Fähre von Horta (Faial) nach Madalena. Oberhalb des Hafens steht die Pfarrkirche, rund um das Gotteshaus aus dem 17. Jh. laden nette Cafés auf eine Pause ein. Hier spielt sich das Leben des 2600-Einwohner-Städtchens ab – bis auf Ende September, wenn vor der **Cooperativa Vitivinicola da Ilha do Pico** im Süden des Städtchens das Weinfest stattfindet. Rund 500 000 Liter Wein werden jährlich gekeltert.

O3

Die bekanntesten Tropfen des Hauses sind der weiße *Terras de Lava* und der rote *Basalto*. Dem Weinanbau auf Pico widmet sich auch das einzige Museum der Stadt, das **Museu do Vinho**.

 Posto de Turismo
Im Hafenterminal, 9950-329 Madalena
✆ 292 62 35 24
www.cm-madalena.pt

 Museu do Vinho (Weinmuseum)
Rua do Carmo, Madalena
Di–Fr 9.15–12.30 und 14–17.30 Uhr, Sa/So nur vormittags, Eintritt € 2

 Restaurante Marisqueira o Ancoradouro
Areia Larga, Madalena
✆ 292 62 34 90, Mi Ruhetag
Das im südlichen Vorort Areia Larga gelegene Restaurant gehört zu den besten Adressen der Insel. Gepflegtes Ambiente, Terrasse und 1a-Fischgerichte. €€

 Restaurante O Luís
Rua Padre Nunes da Rosa, Madalena
✆ 292 62 39 01, kein Ruhetag
Großes, gepflegtes Restaurant. Fisch und Fleisch, dazu ein gutes Mittagsbuffet. €€

Zwischen Madalena und Lajes do Pico

Südlich von Madalena erstreckt sich das alte **Anbaugebiet des Verdelho-Weins**. Es wurde in der ersten Hälfte des 18. Jh. angelegt, nachdem infolge mehrerer Vulkanausbrüche die alten Gemüsefelder unter Asche und Lava versunken waren. Aus den Lavasteinen schichtete man Wälle (sog. *Currais*) auf, die noch heute die Rebstöcke parzellenartig umgeben und die für den Wein wichtige Wärme

O3–Q6

Vista Points Azoren

Häufig hüllt sich der 2351 m hohe Pico Alto in einen Mantel aus Wolken (Pico)

spenden. Diese einzigartige, von Menschenhand geschaffene Kulturlandschaft steht heute unter dem Schutz der UNESCO.

 Östlich von Criação Velha kann man 250 m weit in das Lavaröhrensystem der **Gruta das Torres** steigen.

Gruta das Torres
Am südlichen Ortsende von Criação Velha ausgeschildert
Jan.–Mitte Juni und Mitte Sept.–Ende Dez. Di–Sa 14–17.30, sonst tägl. 10–18 Uhr
Eintritt € 7
Nur mit Führung zu besichtigen; man bekommt Helm und Lampe. Festes Schuhwerk wird empfohlen.

 ### Lajes do Pico
Im 1800-Einwohner-Städtchen dreht sich alles um den Wal. An den industriellen Walfang, der auf den Azoren 1983 eingestellt wurde, erinnert die **alte Walfabrik** am nördlichen Ortseingang. An der Stelle, an der die Riesensäuger einst zerlegt und verarbeitet wurden, befindet sich heute das **Centro de Artes de Ciências do Mar**, ein Informationszentrum über Wale. Die Waljagd hingegen beleuchtet das **Museu dos Baleeiros** an der Uferpromenade. Zu sehen sind dort ein Walfangboot, Harpunen und gravierte Pottwalzähne.

Der alte Walausguck an der **Ponta da Queimada** südöstlich des Städtchens ist heute von den Spähern der Walbeobachtungsteams besetzt – über Funk geben sie die Koordinaten der ziehenden Walschulen an die Walbeobachtungsboote weiter.

Centro de Artes de Ciências do Mar
Rua do Castelo, Lajes do Pico
Mo–Fr 10–18, Sa/So 10–12.30 und 13.30–18 Uhr

Pico

Eintritt € 2,50
In der 1982 stillgelegten Fabrik wurden bis zu 200 Wale im Jahr verarbeitet.

 Museu dos Baleeiros
Rua dos Baleeiros 13, Lajes do Pico
Di–Fr 9.15–12.30 und 14–17 Uhr, Sa/So nur nachmittags
Eintritt € 2
Das Walmuseum ist u.a. in ehemaligen Bootshäusern untergebracht. Das Museum ist eines der meistbesuchten der Azoren.

 Espaço Talassa
Caminho de Baixa, 17, Lajes do Pico
℡ 292 67 20 10
www.espacotalassa.com
Das Walbeobachtungsteam unter Leitung des Franzosen Serge Viallelle hat den besten Ruf auf den Azoren. Touren zusammen mit Meeresbiologen und Naturschützern.

 Whale' come ao Pico
Rua dos Baleeiros, Lajes do Pico
℡ 292 67 20 10, kein Ruhetag
Azoreanische Klassiker, aber auch Salate und lecker belegte Baguettes. €€

Der Inselosten
Calheta de Nesquim in der dünn besiedelten östlichen Inselhälfte war wie Lajes einst eines der Walfangzentren Picos. Am kleinen Hafen erinnern in der **Casa das Botes** ein

Pico ist mittlerweile ein Mekka für Wal- und Delphinfreaks

paar alte Walfängerboote an jene Zeit (Schlüssel in der Bar Beira Mar nebenan).

Von Calheta führt eine schmale Straße zum Leuchtturm an der **Ponta da Ilha**, dem östlichsten Zipfel der Insel. Das weit verstreute Örtchen **Piedade** ist Ausgangspunkt für aussichtsreiche Fahrten ins östliche Inselinnere mit seinen zahlreichen Seen. Bei schlechtem Wetter stattet man besser den Kunsthandwerkerinnen der **Escola de Artesanato** in Santo Amaro einen Besuch ab. Ihre Strohpuppen sind nette Mitbringsel. Zum Picknicken lädt der schattige **Parque Florestal da Praínha** westlich von Praínha do Norte ein.

Escola de Artesanato
Nahe der Kirche, Santo Amaro
Mo–Fr 9–17 Uhr, Eintritt frei
Neben handgefertigten Puppen können hier auch Blumengebilde und bestickte Decken erworben werden.

Zwischen São Roque do Pico und Madalena

Auch in der Hafenstadt **São Roque do Pico** drehte sich einst alles um den Wal. Die am Hafen gelegene, 1983 aufgegebene Walfabrik wurde zum **Museu Industrial da Baleia** umgewandelt. All die alten Maschinen und Kessel, die zur Gewinnung von Öl, Tran und Knochenmehl nötig waren, sind noch zu sehen. Westlich von São Roque zieht sich die **Zona das Adegas** (Zone der Weinkeller) die Küste entlang.

Die von schwarzen Mauern eingerahmten Weingärten sind wie die Anbaugebiete zwischen Madalena und Lajes Teil des UNESCO-Weltkulturerbes von Pico. Kleine Weiler verstecken sich dazwischen, **Porto Cachorro** und **Arcos** sind die hübschesten. Viele *Adegas*, die alten Weinkeller, dienen heute als Ferienhäuser.

Museu Industrial da Baleia
Rua da Poço, São Roque do Pico
Di–Fr 9.15–12.30 und 14–17.30 Uhr, Sa/So nur vormittags
Eintritt € 2
Industriemuseum der Walverarbeitung in der ehemaligen Walfabrik.

Das westliche Inselinnere

Durch das unbewohnte Hochland Picos führt eine gut ausgebaute Straße – Wolkenfreiheit vorausgesetzt – mit traumhaften Ausblicken. Dominiert wird der Inselwesten vom ❿ **Pico Alto**, dem mit 2351 m höchsten Berg Portugals. Den Vulkan zu erklimmen, ist für viele *das* Azorenerlebnis schlechthin. Der Weg ist jedoch mühselig, fünf bis acht Stunden sollten für Auf- und Abstieg eingeplant werden. Gestartet wird auf ungefähr 1200 m. In die 600 m lange Lavaröhre **Furna de Frei Matias** am Westhang des Pico sollte man sich übrigens nur mit Höhlenerfahrung wagen.

Walbeobachtungen und Schwimmen mit Delfinen
Die Azoren zählen zu den besten Walbeobachtungsorten der Welt. Der hier am häufigsten gesichtete Riesensäuger ist der Pottwal. Er erreicht Längen von bis zu 20 Metern und bringt ein Gewicht von bis zu 70 Tonnen auf die Waage. Der Pottwal ist durch seinen Blas, der im Winkel von 45 Grad nach vorne spritzt, leicht zu erkennen. Eine Walbeobachtungsausfahrt mit einem kompetenten Team ist ein unvergessliches Erlebnis. Auch kann man auf hoher See mit Delfinen schwimmen gehen – je nach Lust und Laune der Tiere ein sehr kurzes oder auch längeres Abenteuer.

Delfine in den Gewässern rund um Pico

FLORES

O–Q 1/2

Dieser 17 x 12 Kilometer kleine, von den Wogen des Atlantiks umspülte Fleck bildet den westlichen Außenposten Europas. Er bezaubert durch ins Meer stürzende Wasserfälle, Kraterseen in allen Blau- und Grüntönen sowie wild wuchernde Hortensienhecken. Auf der farbenprächtigen Insel, die ihrem Namen (*Flores* = Blumen) voll und ganz gerecht wird, kommen Naturliebhaber und Botaniker auf ihre Kosten. Auf nasse Füße sollten Sie jedoch vorbereitet sein: Regen und heftige Stürme gehören auf dem Eiland, auf dem gerade 4000 Einwohner leben, zum Programm.

 Flughafen
In Santa Cruz das Flores

P2

 Fährhafen
Lajes das Flores

Q2

Atlanticoline (www.atlanticoline.pt) unterhält Autofähren zu den Inseln der Zentral- und Westgruppe sowie eine Personenfähre nach Corvo.

Santa Cruz das Flores

P2

Das Städtchen zwängt sich zwischen Küste und Flughafen-Landebahn – keine Sorge, die wenigen Propellermaschinen am Tag schrecken keinen auf. Das Zentrum ist ganz gemütlich, viel zu bieten hat es aber nicht.

Zu den wenigen Sehenswürdigkeiten gehören die dreischiffige **Igreja Matriz de Nossa Senhora da Conceição** aus der zweiten Hälfte des 19. Jh., das **Museu das Flores** im ehemaligen Franziskanerkloster São Boaventura und die **Fábrica da Baleia do Boqueirão**, eine alte Walfabrik ganz im Osten von Santa Cruz.

Vista Points Azoren

P2 — Einen hübschen Blick auf das Städtchen hat man vom Hausberg **Monte das Cruzes**.

Bei der Einfuhr von Kunst aus Walzähnen nach Deutschland droht eine Geldstrafe

Posto de Turismo
Rua Dr. Armas da Silveira
9970-331 Santa Cruz das Flores
✆ 292 59 23 69, http://cm-santacruzdasflores.pai.pt

Museu das Flores
Rua do Hospital, Santa Cruz das Flores
Mo–Fr 9–12 und 14–17 Uhr, Eintritt frei
Das Volkskundemuseum beschäftigt sich auch mit Walfang und Scrimshaw-Kunst.

Restaurante Sereia
Rua Dr. Armas da Silveira, 30, Santa Cruz das Flores
✆ 292 54 22 29, So Ruhetag
Einfaches Lokal, preiswerte Tagesgerichte, der Schwerpunkt liegt auf frischem Fisch. €€

Der Inselnorden

Die einsame Landschaft mit ihren abgeschiedenen Dörfern ist ein Traum für Wanderer. Stets grüßt Corvo in der Ferne. Von Santa Cruz auf dem Weg in den Inselnorden passiert man u.a. **Fazenda de Santa Cruz** mit einer fotogen gelegenen Kirche, der **Igreja Nossa Senhora de Lurdes**, aus dem Jahr 1909. Im nahen **Parque Florestal**, einem Picknickgelände mit Wildgehege, lässt sich wunderbar pausieren. **Ponta Delgada** nennt sich die nördlichste Ortschaft von Flores; 500 Einwohner hat das Dorf. Es ist Startpunkt des Wanderwegs nach Fajã Grande, einer der schönsten Touren der Azoren.

Der Südwesten

Fajã Grande preist sich gerne als die westlichste Siedlung Europas. Sehen Sie sich hier den Sonnenuntergang an und dabei den Wellen nach – über Tausende von Seemeilen tanzen sie von hier bis an die Küste Amerikas. Fajã Grande besitzt einige herrschaftliche Häuser aus der Zeit, als man mit dem Walfang gutes Geld verdiente.

Baden kann man in einem kleinen Pool am Hafen, schöner aber planscht es sich im zwei Kilometer nördlich gelegenen **Poço de Bacalhau**, dem von Blumen umgebenen »Stockfischteich«, in den ein Wasserfall mündet. Alle anderen Orte des Südwestens – bis auf das gänzlich aufgegebene Geisterdorf **Caldeira** – liegen nicht direkt am Meer.

Balneário
Oberhalb des Hafens, Fajã Grande
✆ 292 55 21 70
Kein Ruhetag
Fisch- und Fleischgerichte. Kleine Auswahl, große Portionen. €€

Flores · Corvo

Die Südostküste
Lajes das Flores ist das Zentrum der südlichen Inselhälfte. Hier findet man alles, was man braucht, zudem kann man an einem kleinen Sandstrand relaxen. Weitaus einladender präsentiert sich jedoch der abgeschiedene, dunkle Strand der **Fajã das Almas**.

Auf dem Weg von Lajes nach Santa Cruz passiert man das Dörfchen **Lomba**. Eine von Hortensienhecken gesäumte kleine Straße führt von dort zu den *Lagoas* (Seen) im Inselinneren.

Q2

Das Inselinnere
Eine Tour durch das einzigartig schöne Inselinnere von Flores sollte keiner missen. Die bergige, oft sogar karge Landschaft wird von sieben Seen *(Lagoas)* aufgelockert. Man nennt sie auch *Caldeiras*, weil sie allesamt alte Vulkankrater füllen.

Die meisten Seen lassen sich bequem von Aussichtspunkten überblicken, der spektakulärste liegt direkt zwischen dem **Lagoa Funda** und dem **Lagoa Comprida** – wer nicht aufpasst, fällt in den einen oder den anderen. Wer einen Überblick bekommen möchte, kann auch auf den **Morro Grande** steigen, den mit 915 m höchsten Berg von Flores.

P/Q 1/2

Q1
P1
P1/2

CORVO

Corvo vermittelt eine sehr ruhige Atmosphäre. Die mit 17 km² kleinste Insel der Azoren bietet nicht viel mehr als einen gigantischen Vulkankrater, den **Caldeirão**, und das enggassige Dorf **Vila Novo do Corvo** zu seinen Füßen.

Hier leben 430 Menschen, deren raue Herzlichkeit nur wenige Azorenurlauber näher kennen lernen, denn die meisten besuchen Corvo lediglich im Rahmen eines kurzen Tagesausflugs von Flores. Zum Caldeirão führt die einzige Straße der Insel, gleichzeitig ein bequemer Wanderweg vorbei an Kuhweiden – retour kann man etwa vier Stunden für die Tour einplanen. Der Blick in den Krater mit einem Umfang von dreieinhalb Kilometern ist umwerfend. Bis zu 300 m fallen die Wände ins Innere der *Caldeira* ab.

L/M1

L1

M1

Die Hortensie ist die Blume der Azoren

✈ **Flughafen**
Am Ortsrand von Vila Novo do Corvo

🚢 **Fährhafen**
Mit der Atlanticoline kann man bei ruhiger See regelmäßig nach Corvo fahren. ■

Service von A–Z

Madeira und Azoren in Zahlen und Fakten

Der **Madeira-Archipel** besteht aus der Hauptinsel Madeira, aus der Insel Porto Santo mit vier Nebeninseln, aus den öden Ilhas Desertas (kein Quellwasser vorhanden) und den Selvagens (drei Inseln und einige Felsriffe in Richtung der Kanaren). Politisch gehört der Archipel als autonome Region zu Portugal. Alle unbewohnten Inseln sind Naturschutzgebiete und nur mit einer Sondergenehmigung der Regierung von Madeira zu betreten.

Hauptstadt: Funchal auf Madeira (105 000 Einwohner)
Größe: Madeira 741 km^2, Porto Santo 45 km^2, Ilhas Desertas 1,4 km^2
Entfernungen: 900 km südwestlich von Lissabon, 500 km westlich von Casablanca in Nordafrika, 660 km nordwestlich der Kanarischen Inseln, 1300 km südöstlich der Azoren
Einwohner: 265 000, davon 5000 auf Porto Santo (nur Madeira und Porto Santo sind bewohnt)
Religion: 95 % römisch-katholisch
Höchste Erhebung: Pico Ruivo (1862 m)

Die **Azoren** sind ein Archipel bestehend aus neun bewohnten Inseln: São Miguel und Santa Maria (Grupo Oriental); Terceira, Pico, São Jorge, Faial, Graciosa (Grupo Central); Flores und Corvo (Grupo Ocidental). Politisch gehört der Archipel als autonome Region zu Portugal.

Hauptstadt: Ponta Delgada auf São Miguel (40 000 Einwohner)
Größe: 2334 km^2, davon São Miguel mit 747 km^2 als größte Insel, Corvo mit 17,45 km^2 als kleinste Insel
Entfernungen: zwischen 1500 km und 1900 km von Lissabon, 1300 km nordwestlich von Madeira, etwa 3600 km von Nordamerika
Einwohner: 246 100, davon u.a. 137 700 auf São Miguel, 430 auf Corvo
Religion: 95 % römisch-katholisch
Höchste Erhebung: Vulkan auf Insel Pico (2351 m)

Anreise

Für Deutsche, Österreicher und Schweizer genügt bei der Einreise der Personalausweis bzw. die Identitätskarte. Für Kinder wird ein Kinderausweis (ab 10 Jahren mit Lichtbild) oder die Eintragung im Reisepass der Eltern verlangt. Auf die Mitnahme von Haustieren auf die Azoren sollte wegen strenger Quarantäne-Vorschriften verzichtet werden. Für die Einfuhr von Hunden oder Katzen nach Madeira benötigt man den EU-Heimtierausweis. Was Sie sonst noch mitführen dürfen: vgl. unter Zoll (S. 89).

Mit dem Flugzeug:
Nonstopflüge nach **Madeira** (Dauer 4–5 Std.) werden von verschiedenen deutschen, österreichischen und schweizerischen Flughäfen angeboten; diverse Fluggesellschaften – egal ob Linie oder Charter – konkurrieren dabei. Auf die **Azoren** (Zielflughafen Ponta Delgada/São Miguel) gelangen Sie aus dem deutschsprachigen Raum ohne Zwischenstopp nur mit der azoreanischen Fluggesell-

Service von A–Z

> **Anflug Madeira – Augen auf!**
> Der Anflug auf Madeiras Flughafen Santa Catarina ist selbst für Vielflieger noch immer etwas Besonderes. Die Rollbahn, im Jahr 2000 für Großraumjets verlängert, ragt auf Stelzen ins Meer hinaus. Um hier zu landen, benötigen Piloten ein Sondertraining.

schaft SATA (www.sata.pt) ab Frankfurt und München und mit Air Berlin (www.airberlin.com) im Sommer ab Düsseldorf, im Winter ab Nürnberg.

Eine Vielzahl von Möglichkeiten besteht, wenn Sie über Lissabon fliegen – die portugiesische Hauptstadt wird auch von Billigfliegern angesteuert. Von Lissabon gelangen Sie mit der TAP (www.flytap.com) und der SATA weiter nach Madeira, mit der SATA und der TAP auch auf die Azoreninseln São Miguel, Pico, Santa Maria, Terceira und Faial.

Stets eine Überlegung wert ist ein Gabelflug (hin z.B. nach Madeira, zurück von einer Azoreninsel) oder ein mehrtägiger Zwischenstopp in Lissabon (möglich mit TAP).

Die SATA verbindet auch den Azoren- mit dem Madeira-Archipel und dort Madeira mit Porto Santo.

Die Azoren können ebenfalls per Flugzeug erkundet werden. Alle neun Inseln besitzen einen Flughafen und werden von der SATA angeflogen; es gibt jedoch nicht zwischen allen Inseln Direktflüge, zum Teil ist ein Umsteigen vonnöten.

Mit dem Schiff:
Es gibt keine regelmäßigen Fährverbindungen auf die Azoren oder nach Madeira, nur Frachter und Kreuzfahrtschiffe steuern die Archipele an. Auch gibt es keine regelmäßigen Fährverbindungen zwischen Madeira und den Azoren. Innerhalb des Madeira-Archipels verkehren jedoch regelmäßig Fähren zwischen Madeira und Porto Santo (vgl. S. 45).

Die Inseln der Azoren sind im Sommer durch Autofähren der Atlanticoline miteinander verbunden, lediglich zwischen Flores und Corvo unterhält die Reederei nur eine kleine Personenfähre (Fahrplan unter www.atlanticoline.pt). Ganzjährig tuckern nur Schiffe der Reederei Transmaçor (www.transmacor.pt) zwischen Pico und Faial (mehrmals täglich) und zwischen Pico, Faial und São Jorge (mehrmals wöchentlich). Grundsätzlich gilt: Wer nicht seefest ist, sollte ein Mittelchen zur Hand haben. Der Atlantik kann rau sein!

Auskunft

Informationsmaterial zu allen Inseln halten die portugiesischen Touristik- und Handelsbüros AICEP im Ausland bereit. Die offizielle Internetseite der Azoren lautet: www.visitazores.com (auch auf Deutsch), die von Madeira: www.madeiraislands.travel.

Service von A–Z

Vor Ort erteilen die **Turismo-Büros** Auskünfte. Sie helfen auch bei der Zimmersuche weiter und geben Stadtpläne und Veranstaltungskalender aus. In einigen Büros werden kunsthandwerkliche Erzeugnisse der Region angeboten.

Aicep Portugal Global
Portugiesisches Fremdenverkehrsamt
Zimmerstr. 56, 10117 Berlin
✆ (030) 254 10 60, www.visitportugal.com
Auch zuständig für Österreich und die Schweiz.

Internet:
www.visitportugal.com, www.madeiratourism.com
www.madeira-center.de (kommerzielle Seite)
www.azoren-online.com (kommerzielle Seite)

Zum Madeirateil des Info Guides ist eine **digitale Fassung für PDAs und PNAs mit GPS-Navigation** erschienen. Neben den Sehenswürdigkeiten wie Museen, Kirchen etc. sowie den Restaurants sind zusätzlich 75 Hotels, Gästehäuser und Pensionen aufgeführt und können mit Hilfe der GPS-Navigation angefahren werden. Nähere Informationen dazu unter: www.pocketnavigation.de/go/madeira.

Wichtige Rufnummern:
Notruf ✆ 112
Pannenhilfe des Automobilclubs ACP: ✆ 291 75 87 21
Auskunft ✆ 118
Vorwahl Madeira/Azoren ✆ +351
Vorwahl Deutschland ✆ +49
Vorwahl Österreich ✆ +43
Vorwahl Schweiz ✆ +41

Automiete, Autofahren

Sie können auf allen Inseln mit Ausnahme Corvos Fahrzeuge mieten. Begutachten Sie bei der Übergabe des Wagens die Reifen! Das Straßennetz auf den Azoren ist gut, Schnellstraßen *(Via Rápida)* gibt es jedoch wie auf Madeira nur wenige. Dort sind die Straßen zudem oft eng, kurvenreich und mit vielen Steigungen und Gefällen verbunden. Hier ist besondere Vorsicht geboten! Auf Schnellstraßen und in Tunneln muss mit Licht gefahren werden. Innerhalb geschlossener Ortschaften gilt eine **Geschwindigkeitsbegrenzung** von 50 km/h, außerhalb darf man

In Funchal (Madeira)

Service von A–Z

höchstens 80 km/h fahren, auf Schnellstraßen 90 km/h. Die **Promillegrenze** liegt bei 0,5. Das Benutzen von **Mobiltelefonen** ohne Freisprecheinrichtung ist verboten. **Kinder unter 12 Jahren** dürfen im Auto nicht vorne sitzen. Ein gelber Streifen am Straßenrand bedeutet **Parkverbot**.

Baden

Strände sind auf Madeira Mangelware, nicht jedoch auf Porto Santo. Dafür hat fast jedes Hotel einen Pool. Auch auf den Azoren findet man nicht auf allen Inseln tolle Strände. Die schönsten gibt es auf São Miguel, Santa Maria und Faial. Anderswo muss man auf Felsstrände, Kiesbuchten oder Naturschwimmbecken ausweichen (Badeschuhe mitbringen).

Strömung und Brandung können gefährlich sein – beachten Sie daher die Farbe der an den Stränden gehissten **Flaggen**: Grün signalisiert »Baden okay«, Gelb »Baden nur für gute Schwimmer«, Rot »lebensgefährlich«.

Nacktbaden ist verboten. **Thermalbäder** finden Sie auf den Azoren auf São Miguel und auf Graciosa.

Diplomatische Vertretungen

Portugiesische Botschaft in Deutschland
Zimmerstr. 56, D-10117 Berlin
℡ (030) 590 06 35 00, www.botschaftportugal.de

Portugiesische Botschaft in Österreich
Opernring 3, A-1010 Wien
℡ (01) 58 67 53 60, viena@mne.pt

Portugiesische Botschaft in der Schweiz
Weltpoststr. 20, CH-3015 Bern
℡ (031) 352 86 68, mail@scber.dgaccp.pt

Deutsches Honorarkonsulat auf Madeira
Largo do Phelps 6, 1°, P-9050-025 Funchal
℡ 291 22 03 38, Fax 291 23 01 08

Deutsches Honorarkonsulat auf den Azoren
Abelheira de Cima, 86, Fajã de Baixo
9500-459 Ponta Delgada, São Miguel
℡ 918 79 26 33 (mobil), Pontadelgada@hk-diplo.de

Österreichisches Konsulat auf Madeira
Miltones-Viagens
Rua Imperatriz D. Amelia, Edificio Princesa - Loja 0/4
P-9000-018 Funchal/Madeira
℡ 291 20 61 00/03

Österreichische Botschaft in Lissabon
Av. Infante Santo 43/4, P-1399-046 Lissabon

© 213 94 39 00, www.bmeia.gv.at/botschaft/lissabon.html
Auch für die Azoren zuständig.

Botschaft der Schweiz
Travessa do Jardim 17
P-1350-185 Lissabon
© 213 94 40 90, www.eda.admin.ch/lisbon
Auch für Madeira und die Azoren zuständig.

Einkaufen

Das Warenangebot ist auf Madeira reichlich und vielfältig. Da die Preise recht günstig sind, lohnt sich ein ausgedehnter Einkaufsbummel. Die Azoren hingegen sind kein Shoppingparadies. Man bekommt zwar nahezu alles, was man braucht, nur die Auswahl ist vielerorts bescheiden. Die Rangliste der Souvenirs führen **Korbwaren** sowie lokaler **Wein** und **Weinbrand** an. Kaufen Sie keine gravierten Walzähne, die Einfuhr nach Deutschland ist verboten! Ein interessantes Mitbringsel für Raucher sind Zigaretten von den Azoren.

Seit Jahresbeginn 2011 hat Madeira ein neues Gütesiegel für seine Produkte erhalten. Es garantiert die Herkunft der mit dem Siegel versehenen Produkte als Produkt der Region Madeira. Über 250 Erzeugnissen hauptsächlich aus den Bereichen Wein, Stickereien, Zuckerohrhonig wurden bisher durch die regionalen Behörden das Siegel verliehen.

Essen und Trinken

Die Auswahl an Restaurants auf Madeira ist riesig, auf den Azoren lediglich in Ponta Delgada (São Miguel), Horta (Faial) und Angra do Heroísmo (Faial) groß. Aber auch abseits dieser Städte und auf den bevölkerungsarmen Inseln müssen Sie nicht verhungern.

Das Frühstück *(pequeno almoço)* fällt, je nach Hotelkategorie, als reichhaltiges Buffet oder einfacher Snack aus.

Eine typische Spezialität Madeiras: Hirtenspieß, »Espetada«, mit »Milho frito«, in Würfel herausgebackenem Maisbrei

Der Kaffee am Morgen ist der *galão*, der Milchkaffee. Zwischendurch trinkt man einen Espresso, *bica* oder einfach nur *café* genannt. Wollen Sie diesen mit Milch haben, bestellen Sie einen *chinesa*.

Zu Mittag servieren viele Restaurants Tagesgerichte *(prato do dia, sugestão do dia)*, diese sind preiswert und kommen ohne große Wartezeit auf den Tisch. Für gewöhnlich stehen dabei ein Fisch- und ein Fleischgericht zur Auswahl. Getafelt wird beim Abendessen *(jantar)*. Zunächst werden kleine Appetitanreger *(couvert)* gereicht: Oliven, Butter, Käse, Sardinenpaste und geröstetes Brot. Achtung – sie sind kein Geschenk des Hauses! Danach wählt man Fisch oder Meeresfrüchte – in der Regel frisch zubereitet – oder ein saftiges Steak. Als Nachspeise sollten Sie unbedingt die leckeren Puddings oder einen Milchreis probieren. Zum Abschluss gibt es noch einen *bagaceira* (Tresterschnaps), einen *aguardente* (farbloser Weinbrand) und/oder einen *café*.

Zum Essen trinken die Madeirer und Azoreaner Bier oder Wein, nur die Kinder Softdrinks. Auf Madeira werden hauptsächlich Weine aus dem Mutterland angeboten, auf den Azoren auch eigene Tropfen. Eine Besonderheit dort ist der *vinho de cheiro*, ein süffiger, fruchtiger Rotwein, der viel Alkaloide enthält und deswegen nicht in die EU exportiert werden darf. Das Leitungswasser ist fast überall trinkbar, erkundigen Sie sich aber vor dem Genuss. Obst und Gemüse sollte man nie ungewaschen essen.

Das »IVA incluido« auf der Speisekarte ist übrigens kein Gericht, es bedeutet nur den Einschluss der Mehrwertsteuer im Preis.

Feiertage, Feste

Gesetzliche Feiertage gibt es relativ viele, was aber nicht bedeutet, dass dann alle Geschäfte geschlossen sind.

Neujahr (1. Januar), **Karnevalstag im Februar, Karfreitag, Ostersonntag, Pfingsten** (der Pfingstmontag ist zugleich der **Tag der Autonomie der Azoren), Tag der Revolution von 1974** (25. April), **Tag der Arbeit** (1. Mai), **Fronleichnam, Nationalfeiertag** (10. Juni), **Tag der Autonomen Region Madeira** (1. Juli), **Mariä Himmelfahrt** (15. August), **Proklamation der Republik 1910** (5. Oktober), **Allerheiligen** (1. November), **Befreiung von spanischer Herrschaft 1640** (1. Dezember), **Mariä Empfängnis** (8. Dezember), **Weihnachtstage** (25./26. Dezember).

Daneben gibt es eine Vielzahl örtlicher Feiertage, die mit besonders bunten Festen verbunden sind.

Madeira
Santa Cruz: 15. Januar, **São Vicente:** 22. Januar, **Santana:** 25. Mai, **Calheta und Porto Santo:** 24. Juni, **Ribeira Brava:**

> **Festas do Espírito Santo**
> Eine Besonderheit auf den Azoren sind die Heilig-Geist-Feste, bei denen früher die Armen zum Essen eingeladen wurden; heute feiert das ganze Dorf. Auf Terceira sind die Feste meist mit einem Straßenstierkampf verbunden. In welchem Dorf oder Straßenzug ein Heilig-Geist-Fest stattfindet, erfahren Sie bei den Touristeninformationen.

Service von A–Z

Prozession zum Fest »Santo Cristo dos Milagres« in Ponta Delgada auf São Miguel

29. Juni, **Porto Moniz:** 22. Juli, **Funchal:** 21. August, **Ponta do Sol:** 8. Dezember, **Machico:** 9. Oktober, **Câmara de Lobos:** 16. Oktober.

Azoren
São Miguel: Ponta Delgada: Fünfter Sonntag nach Ostern, Vila Franca da Campo: Erster Sonntag nach dem 8. Mai, Ribeira Seca: 29. Juni, Furnas: Erster Sonntag nach Ostern. **Terceira:** Angra do Heroísmo/Praia da Vitória (im jährlichen Wechsel): 23. Juni. **Graciosa:** Santa Cruz: 24. Juni. **Faial:** Horta: 24. Juni und erster Sonntag im August. **Pico:** São Mateus: 6. August. **São Jorge:** Calheta: Letzter Sonntag im Juli. **Flores:** Santa Cruz: 24. Juni. **Corvo:** Vila Nova do Corvo: Letzter Sonntag im Juni.

Flora und Fauna

Bevor sich Siedler auf den Inseln niederließen, waren diese dicht bewaldet. Auf den Azoren wurden viele Wälder jedoch im Laufe der Jahrhunderte zugunsten der Viehwirtschaft gerodet. Was heute wächst und gedeiht, wurde größtenteils eingeführt, von Einwanderern und von Vögeln. Erstere zeichnen für den Anbau von Nutzpflanzen wie Bananen, Tee (nur Azoren), Wein, Maracuja, Tabak und dergleichen verantwortlich. Letztere insbesondere für die Blütenpracht. Der Samen vieler Pflanzen kam im Gefieder der Zugvögel auf die Inseln.

Die Tierwelt der Inseln war vor der Besitznahme durch den Menschen ebenfalls nicht sehr vielfältig. Egal ob Katze, Hund oder Rind – alles wurde eingeführt. Lediglich zu Luft und zu Wasser liegt der Sachverhalt anders: Dort herrscht ein besonderer Artenreichtum.

Geld, Banken, Kreditkarten

Auf Madeira und den Azoren bezahlt man mit Euro. Bargeld kann problemlos mit der Maestro-Karte oder der Kreditkarte an Bankautomaten gezogen werden. Viele Geschäfte, bessere Restaurants und Hotels akzeptieren Kreditkarten. Trinkgeld gibt man rund fünf Prozent.

Unter der zentralen Notrufnummer ✆ +49 116 116 kann man aus dem Ausland Kreditkarten, Maestro-Karten und Handys bei Verlust sperren lassen.

Hinweise für Menschen mit Behinderungen

Spezielle Informationen für Behinderte halten die portugiesischen Fremdenverkehrsämter bereit (vgl. S. 80). Auskünfte erteilen auch:

Associação Portuguesa Deficientes da Delegação da Madeira
Rua da Venezuela BL50 – 48 R/C
P-9000-127 Funchal, ✆ 291 77 42 91

Associação de Pais e Amigos de Crianças Deficientes do Arquipélago dos Açores
Canada Areeiros
P-9500-026 Ponta Delgada
✆ 296 30 14 10

Orchideen werden auf Madeira zum Teil als Schnittblumen auf den bunten Blumenmärkten verkauft

Internetzugang

Einen Internetzugang bieten viele Hotels, mancherorts die portugiesische Telekom, die meisten Bibliotheken und diverse Internetcafés. Zuweilen (auf Madeira in allen Städten, z.T. auch in Strandnähe) gibt es auch öffentliche Hotspots, die durch eine Säule gekennzeichnet sind und einen kostenlosen Internetzugang ermöglichen. Man findet sie meist beim Rathaus.

Mit Kindern auf Madeira und den Azoren

Die Portugiesen sind Kindern gegenüber generell positiv eingestellt. In Hotelzimmern werden schnell ein oder zwei Betten dazugestellt, in den Restaurants geht man gerne auf die kleinen Gäste ein. Kinderspielplätze dagegen sind ausgesprochen rar. Besondere Attraktionen sind u.a. auf Madeira das Naturschwimmbad und die Kartbahn in Faial, der Aquapark in Santa Cruz und der Madeira-Themenpark in Santana. Auf den Azoren begeistern vor allem Walbeobachtungen.

Klima, Reisezeit, Kleidung

Dank des milden, ausgeglichenen Klimas ist eine Reise nach **Madeira** ganzjährig möglich. Von November bis Feb-

Service von A–Z

Azoren – die Inseln unterm Regenbogen
Nieselregen beim Aufstehen, Sonnenschein beim Frühstück, Wolkenbruch beim Zähneputzen und der schönste Regenbogen beim Verlassen des Hotels: Das Wetter spielt oft verrückt auf den Inseln, der häufige Wechsel von Sonne und Regen sorgt aber für viele Regenbögen. Das so genannte Azorenhoch, jenes Hochdruckgebiet, über das man sich Zuhause so freut, weil es oft tagelangen blauen Himmel bringt, wünscht man sich auf dem Archipel selbst so manches Mal herbei.

ruar fallen die meisten Niederschläge. Die hohen Berge im Zentrum und im Norden der Insel schützen besonders den Süden vor Wind und Regen. So ist der Süden fast 5 ° C wärmer als der Norden und auch sehr viel trockener.

In den höchsten Bergen kann es im Winter auch ein wenig Schnee geben, der aber nicht lange liegen bleibt. Im Sommerhalbjahr kann der Passatwind ab 800 m Höhe Regen bringen. Auf Porto Santo ist es relativ trocken, die jährliche Niederschlagsmenge liegt bei 350 mm.

Im Sommer weht selten der so genannte Leste, ein warmer, trockener Wind, der feinen, rötlichen Sand aus der Sahara mit sich trägt. Dann können die Temperaturen an der Südküste auf über 30 °C steigen.

Auch auf den **Azoren** ist das Klima recht ausgeglichen, jedoch liegen die Temperaturen ein wenig unter denen Madeiras. Die beste Reisezeit – sofern man gerne im Meer badet – sind die Monate Juli, August und September. Zum Wandern sind die Sommermonate jedoch nicht so ideal, da jegliche Anstrengung infolge der hohen Luftfeuchtigkeit äußerst schweißtreibend ist. Grundsätzlich gilt: Auf den Azoren kann das Wetter Kapriolen schlagen.

Orientieren Sie sich beim Kofferpacken (20 kg sind für gewöhnlich im Flugzeug erlaubt) an der Klimatabelle. Für die Wanderungen benötigt man festes Schuhwerk. Re-

Vor der Azoreninsel Pico zu beobachten: der Buckelwal

genschutz auf keinen Fall vergessen! Auch sind ein paar warme Kleidungsstücke wichtig, besonders am Abend und in den Bergen. Denken Sie daran, dass man Kirchen nicht zu freizügig bekleidet betritt.

Medizinische Versorgung

Die **Europäische Krankenversicherungskarte** (EHIC) wird auf den Inseln in den staatlichen Gesundheitszentren *(Centros de saúde)* und Krankenhäusern *(hospitais)* akzeptiert. Dennoch ist der Abschluss einer **privaten Auslandskrankenversicherung**, die im Notfall einen Rücktransport ins Heimatland sicherstellt, dringend zu empfehlen.

Die ärztliche Versorgung auf Madeira ist gut. Auf Porto Santo gibt es jedoch kein Krankenhaus. Akute Fälle werden per Hubschrauber nach Funchal geflogen. Eine Erstversorgung ist auch auf allen Azoreninseln gegeben. In schwierigeren Fällen müssen Sie jedoch die Krankenhäuser von São Miguel (in Ponta Delgada) oder Terceira (in Angra do Heroísmo) aufsuchen. Im Krankheitsfall wendet man sich an die Notfallstationen *(urgência)* der Gesundheitszentren oder Krankenhäuser. Der allgemeine **Notruf** für Krankenwagen, Feuerwehr und Polizei ist ✆ **112**.

Besondere **Impfungen** sind für Madeira und die Azoren nicht vorgeschrieben, sofern Sie aus dem deutschsprachigen Raum einreisen. **Medikamente**, die Sie regelmäßig benötigen, sollten Sie von zu Hause sicherheitshalber mitbringen. **Apotheken** *(farmácias)* gibt es auf allen Inseln. Sie sind von außen an einem grünen Kreuz zu erkennen. Aushänge in den Schaufenstern informieren darüber, welche Apotheke Nacht- oder Sonntagsdienst hat.

Notfälle

Für das ganze Land gibt es den einheitlichen **Notruf** ✆ **112**. Für die meisten touristischen Belange, Verkehrsdelikte, Diebstähle usw. ist die **PSP** *(Polícia de Segurança Pública)* zuständig.

Öffentliche Verkehrsmittel

Auf Madeira ist das öffentliche Transportsystem gut ausgebaut. Mit dem Bus gelangen Sie in nahezu jede Ecke der Insel. Die Azoren lassen sich mit öffentlichen Verkehrsmitteln nur schwerlich erkunden, am besten ist das Bussystem auf São Miguel, Faial und Terceira. Auf allen anderen Inseln benötigt man einen Mietwagen.

Öffnungszeiten

Kleinere **Geschäfte** sind meist Mo–Fr 9–12.30 und 14–18 Uhr sowie Sa vormittags geöffnet. Große **Einkaufszentren** *(Centros comerciais)* sind oft bis spät am Abend, zudem

Service von A–Z

das gesamte Wochenende und auch feiertags geöffnet. Auf **Märkten** kauft man zwischen 7 und 12 Uhr ein. **Banken** öffnen meist Mo–Fr 8.30–15 Uhr, **Postämter** 9–12.30 und 14.30–18 Uhr, das Gros der **Tourist-Informationen** Mo–Fr 9–12.30 und 14–17 Uhr, Sa nur vormittags.

Post

Die Post heißt auf Portugiesisch *correios*. Dort kann man Briefmarken *(selos)* kaufen, Briefe abschicken und postlagernde Sendungen *(posta restante)* abholen. Das Porto richtet sich nach dem Gewicht der Sendung, nicht nach der Größe z.B. einer Postkarte. Auch der Postsparkassendienst funktioniert reibungslos.

Sport und Erholung

Madeira und die Azoren sind **Wanderparadiese**. Eine Besonderheit auf Madeira sind Levada-Wanderungen, die von verschiedenen Agenturen angeboten werden. Dabei wandert man entlang schmaler, künstlicher Kanäle. Veranstalter organisierter Wandertouren auf den Azoren gibt es hingegen nur wenige. Auch mit dem **Mountainbike** lassen sich die Inseln erkunden – wegen der extremen Steigungen ist jedoch eine sehr gute Kondition Grundvoraussetzung. Bringen Sie Ihr Fahrrad mit, die Qualität der vor Ort zu leihenden Räder ist oft miserabel.

Golfplätze gibt es auf Madeira, Porto Santo, São Miguel und Terceira, **Tauchbasen** auf fast allen Inseln. Zentren des Hochseefischens sind vor allem Madeira, São Miguel und Faial. **Wal- und Delfinbeobachtungen** werden vor den Küsten von Madeira, São Miguel, Faial und Pico angeboten. **Surfer** zieht es nach Madeira, Porto Santo und São Jorge (nur Cracks). Auf Madeira kann man Boots-, Jeep- und Kanutouren, Tandem- und Gleitschirmflüge buchen, Infos z.B. unter www.lokolokomadeira.com.

Strom

Die elektrische Spannung beträgt 230 Volt, ein Fön oder Rasierer passt in der Regel ohne Adapter in die Steckdose.

Telefonieren

Bei der portugiesischen Telekom *(PT Comunicaçoes)*, Zweigstellen in fast allen größeren Städten, kann man telefonieren, telegrafieren und oft auch ins Internet gehen. Hier erhält man auch **Telefonkarten** *(cartão credifone)* für öffentliche Fernsprecher. Günstige Tarife gelten Mo–Fr 21–9 Uhr sowie an Wochenenden und Feiertagen.

Das **Mobilfunknetz** ist sehr gut ausgebaut. Auch in entlegenen Gebieten ist der Empfang in der Regel gut. Dennoch kann es aufgrund der vielen Berge, die die Inseln prägen, hier und da zu Funklöchern kommen.

Service von A–Z

Die internationalen **Vorwahlnummern** sind: nach Deutschland ✆ +49, nach Österreich ✆ +43 und in die Schweiz ✆ +41. Danach wählt man die Ortskennzahl ohne die Null am Anfang. Die Vorwahl für Portugal (inkl. Madeira und die Azoren) lautet ✆ +351.

Die **Auskunft** erreichen Sie auf Madeira oder den Azoren unter ✆ 118. Im Internet können Sie Telefonnummern unter www.telecom.pt oder www.paginasamarelas.pt (Gelbe Seiten) suchen.

Unterkunft

Auf Madeira hat man die Qual der Wahl in jeder Kategorie und Preisklasse. Wer eine besondere Unterkunft sucht, ist bei einer der zehn **Quintas da Madeira** sehr gut aufgehoben. Infos auf Deutsch unter www.puracomm.eu. Auf den Azoren liegt der Sachverhalt anders. Außer auf São Miguel, Faial und Terceira sind Hotels von international gehobenerem Standard rar gesät. Auf allen Inseln aber gibt es Zimmer in schmucken Boutiquehotels oder in herrlichen Landhäusern zu mieten. Auch hat jedes Eiland der Azoren mindestens einen Zeltplatz, auf Madeira gibt es nur einen in Porto Moniz.

Zeitzone

In Portugal und auf Madeira gilt die Mitteleuropäische Zeit minus eine Stunde, auf den Azoren minus zwei Stunden. Einfacher: 12 Uhr Berlin = 11 Uhr Lissabon oder Funchal, = 10 Uhr Azoren. Jeweils gleichzeitig mit den anderen europäischen Ländern wird zwischen Sommer- und Winterzeit umgestellt.

Zoll

Für Deutsche und Österreicher gelten die Zollbestimmungen der EU, d.h. Waren für den persönlichen Gebrauch unterliegen keinerlei Beschränkungen. Für Eidgenossen gelten jedoch in Bezug auf Zigaretten, Spirituosen oder Parfüms die bekannten Höchstmengen. ■

Sonnenuntergang auf Graciosa (Azoren)

Sprachführer

Die wichtigsten Wörter für unterwegs

Der erste Kontakt mit der gesprochenen portugiesischen Sprache wird verunsichern; man versteht so gut wie gar nichts. Die vielen Nasal- und Zischlaute lassen Wörter, ja ganze Sätze ineinander übergehen. Zudem klingt alles furchtbar schnell. Man meint fast, es mit einer slawischen Sprache zu tun zu haben. Doch das sollte nicht entmutigen.

Viele Portugiesen können ein wenig Englisch oder Französisch, und wegen der vielen Emigranten ist es durchaus möglich, dass man auf Deutsch angeredet wird. Und noch ein Tipp: Schreibt man Wörter oder Namen auf einen Zettel, klappt es meist mit der Verständigung.

Das portugiesische Alphabet kennt nur 23 Buchstaben: k, w und y kommen nicht vor. Es gibt sieben Nasale, das sind Vokale, die durch die Nase gesprochen werden und oft durch ein spezielles Zeichen über dem zu nasalierenden Buchstaben, die so genannte Tilde (~), markiert sind: ã, ãe, ão, õe, im, om, um.

Die richtige **Anrede** ist bei den Portugiesen wichtig. Männer werden mit **Senhor** und, falls man sie kennt, zusätzlich mit dem Nachnamen angesprochen. Frauen spricht man mit **Senhora Dona** plus Vornamen an. Junge Leute sagen untereinander **tu** (du).

Im Portugiesischen gibt es nur zwei Geschlechter. Der bestimmte/unbestimmte Artikel für das Maskulin ist o/um und im Plural os/uns, für das Femininum a/uma und im Plural as/umas. Der Artikel wird immer benutzt, auch bei Vornamen.

Wichtige Redewendungen

Guten Tag!	– *Bom dia!!* (bis 12 Uhr mittags)/ *Boa tarde!* (von 12 Uhr bis zur Dämmerung)
Guten Abend/ Gute Nacht!	– *Boa noite!*
Hallo!	– *Olá!*
Auf Wiedersehen!	– *Adeus!*
Bis später!	– *Até logo!*
ja/nein	– *sim/não*
bitte	– *se faz favor, por favor*
danke	– *obrigado*
Keine Ursache	– *De nada*
Gestatten Sie ...	– *Com licença ...*
Entschuldigung!	– *Desculpe!*
Achtung!	– *Atenção!*
Sprechen Sie Deutsch?	– *Fala alemão?*
... Englisch?	... *inglês?*
... Französisch?	... *francês?*
Ich verstehe nicht.	– *Não percebo.*
Ich verstehe kein Portugiesisch.	– *Eu não percebo o português.*
Wie bitte?	– *Como?*
Ich bin Deutscher/ Deutsche.	– *Eu sou alemão/alemã.*
... Schweizer/ Schweizerin.	... *suíço/suíça.*
... Österreicher/ Österreicherin.	... *austríaco/ austríaca.*
Wo ist ...?	– *Onde fica ...?*
Ich hätte gerne ...	– *Queria ...*
Könnten Sie ...	– *Podia ...*
frei	– *livre*
besetzt	– *ocupado*
offen	– *aberto*
geschlossen	– *fechado*

Zeitangaben

heute	– *hoje* (wichtig bei Reservie-

Die wichtigsten Wörter für unterwegs

	rungen)	Süden	– o sul
gestern	– ontem	Westen	– o oeste
morgen	– amanhã		
spät	– tarde	**Mit dem Bus**	
früh	– cedo	Bus (in der Stadt)	– o autocarro la camioneta
Tag	– o dia		
Nacht	– a noite	Schnellbus (für Überlandfahrten)	– o expresso
Mittag	– o meio-dia		
Mitternacht	– a meia-noite		
Woche	– a semana	Haltestelle	– a paragem
Montag	– segunda-feira	Fahrkarte	– o bilhete
Dienstag	– terça-feira		
Mittwoch	– quarta-feira	**In der Bank**	
Donnerstag	– quinta-feira	Bank	– o banco
Freitag	– sexta-feira	Geld	– o dinheiro
Samstag	– sábado	Scheck	– o cheque
Sonntag	– domingo	Kreditkarte	– o cartão de crédito

Zahlen

1	– um, uma
2	– dois, duas
3	– três
4	– quatro
5	– cinco
6	– seis
7	– sete
8	– oito
9	– nove
10	– dez

Mit dem Flugzeug

Flugzeug	– o avião
Flughafen	– o aeroporto
Ankunft	– a chegada
Abflug	– a partida

Auf der Post

Post	– os correios
Brief	– a carta
Postkarte	– o postal
Briefmarke	– o selo
Briefkasten	– a caixa do correio
Ich möchte telefonieren!	– Queria telefonar!
Telefonkarte	– o cartão credifone
Telefonzelle	– a cabine telefónica
Wie viel kostet ein Brief nach Deutschland?	– Quanto paga uma carta para a Alemanha?
… nach Österreich?	– … para a Austría?
… in die Schweiz?	– … para a Suíça?
Ich möchte zehn Briefmarken und eine Telefonkarte zu 50 Einheiten.	– Queria dez selos e um cartão credifone de 50 unidades.

Unterwegs

Weg	– o caminho
Wo geht es nach …?	– Qual é o caminho para …?
Fremdenverkehrsamt	– o turismo
Stadtplan	– o mapa
Stadtzentrum	– o centro da cidade
Taxistand	– a praça de táxis
Straße	– a rua
nach rechts	– à direita
nach links	– à esquerda
geradeaus	– em frente
zurück	– atrás, para trás
hier	– aqui
dort	– ali
Es ist weit.	– É longe.
Es ist nah.	– É perto.
Kreuzung	– o cruzamento
Norden	– o norte
Osten	– o leste

Im Geschäft

Geschäft	– a loja
Schuhgeschäft	– a sapataria

Sprachführer

Juwelier	– a joalharia
Buchhandlung	– a livraria
Supermarkt	– o supermercado
Markt	– o mercado/a feira
Haben Sie …?	– Há …?
Was kostet dieser/diese …?	– Quanto custa este/esta …?
Kleid	– o vestido
Rock	– a saia
Hose	– as calças
Bluse	– a blusa
Hemd	– a camisa
Anzug	– o fato
Pullover	– a camisola
Strümpfe	– as meias
Schuhe	– os sapatos
Badeanzug	– o fato de banho
Krawatte	– a gravata
Gürtel	– o cinto
Wolle	– a lã
Baumwolle	– o algodão
Leinen	– o linho
Seide	– a seda
groß	– grande
größer	– maior
klein	– pequeno
kleiner	– menor
weit	– largo
eng	– apertado
zu weit/eng	– muito largo/apertado
kurz	– curto
lang	– comprido
zu kurz/lang	– muito curto/comprido
dick	– grosso
dünn	– fino
billig	– barato
teuer	– caro
Farben	– as cores
blau	– azul
braun	– castanho
gelb	– amarelo
grau	– cinzento
grün	– verde
orange	– cor-de-laranja
rot	– vermelho
schwarz	– preto
weiß	– branco

Beim Arzt – Gesundheit

Arzt	– o médico
Apotheke	– a farmácia
Krankenhaus	– o hospital
Rufen Sie bitte …	– Pode chamar …
… einen Arzt!	– … um médico!
… Krankenwagen!	– … ambulância, por favor!
Notfall	– o caso de urgência
Heftpflaster	– os adesivos
Aspirin	– a aspirina
Sonnencreme	– creme para bronzear
Haben Sie etwas gegen …	– Tem alguma coisa para …
… Erkältung?	– … a constipação?
… Verstopfung?	– … a prisão de ventre?
… Durchfall?	– … a diarreia?
… Sonnenbrand?	– … as queimaduras do sol?
… Zahnschmerzen?	– … as dores de dentes?
… Kopfschmerzen?	– … as dores de cabeça?

Suppen

sopa de peixe	– Fischsuppe
caldo verde	– Grünkohlsuppe

Fisch/Meeresfrüchte

abrótea	– Gabeldorsch
albacora	– weißer Thunfisch
amêjoas	– Herzmuscheln
atum	– Thunfisch
bacalhau	– Stockfisch
chicharro	– Stichling (sardinengroß)
cracas	– Seepocken
espadarte	– Schwertfisch
dourada	– Sackbrasse
lagosta	– Languste
lapas	– Gemeine Napfschnecken
lula	– Kalamar
moreia	– Muräne
peixe-espada	– Degenfisch
polvo	– Krake
sapateira	– Riesentaschenkrebs

Die wichtigsten Wörter für unterwegs

sardinhas	– Sardinen

Fleisch
bife	– Beefsteak
borrego	– Lamm
carne assade	– Schweinebraten
costeleta	– Kotelett
chouriço	– geräucherte Wurst
escalopes	– Schnitzel
figado	– Leber
frango	– Hähnchen

Arten der Zubereitung von Gerichten
assado	– gebraten
à moda da casa	– nach Art des Hauses
à moda	– nach Art der Region
bem passado	– durchgebraten
caseiro	– hausgemacht
cozido	– gekocht
estufado	– geschmort
filetes de	– Filet oder Stücke, Streifen
frito	– in Fett ausgebacken
fumado	– geräuchert
grelhado	– gegrillt
mal passado	– nicht durchgebraten
médio	– medium, halb durchgebraten
na brasa	– vom Holzkohlengrill
na púcara	– in der Tonform
no espeto	– am Spieß
no forno	– im Ofen
no prato	– auf dem Teller serviert
panado	– paniert

Beilagen
com alface	– mit grünem Salat
com arroz	– mit Reis
com arroz de cenoura	– mit Möhrenreis
com batata assada	– mit gebratenen Kartoffeln
com batata frita	– mit Pommes
com feijão	– mit Bohnen
com guarnição	– mit Garnierung
com molho verde	– mit grüner Soße
com pepino	– mit Gurke
com salada	– mit Salat, normalerweise grüner Salat mit Zwiebeln
com salada mista	– mit gemischtem Salat
com salada de tomate	– mit Tomatensalat

Geografische Begriffe
bahia	– Bucht
caldeira	– durch Einsturz entstandener Vulkankrater
convento	– Kloster
fajã	– Erd- und/oder Felsabbruch, der zu einem neuen Landstück geworden ist.
furna/gruta	– Höhle/Grotte
igreja	– Kirche
lago	– See, Bergsee
mar	– Meer
monte	– Berg
museu	– Museum
parque	– Park
ponte	– Brücke
porto	– Hafen
praça, largo	– Platz
praia	– Strand
rio/Ribeira	– Fluss/Bach
rua	– Straße
serra	– Gebirgskamm
vale	– Tal
vila	– Stadt

Zu guter Letzt
Entschuldigung, aber ich verstehe nicht.	– *Desculpe, mas eu não compreendo.*
Ich spreche kein Portugiesisch.	– *Eu não falo portu guês.*
Vielen Dank und auf Wiedersehen.	– *Muito obrigado e adeus.*

Register

Die **fetten** Seitenzahlen verweisen auf ausführliche Erwähnungen, *kursiv* gesetzte Begriffe bzw. Seitenzahlen beziehen sich auf den Service.

Algar do Carvão 61
Ananasplantage 48, 49
Angra do Heroísmo **58 f.**, *84, 87*
Anjos 56
Anreise 78 f.
Aquapark 38
Arcos 74
Auskunft 79 f.
Automiete, Autofahren 80 f.
Azoren, Archipel **46–77**, *78, 79, 81, 84, 86*

Baden *81*
Baía da Praia 56
Baía da Ribeira das Cabras 69
Baía da Salga 59
Baixa da Areia 48
Balcões 37
Barro Vermelho 63
Biscoitos 60
Boaventura 34

Cabeço Gordo **70**
Cabo da Praia 58
Cabo Girão 24, 27 f.
Cais do Pico (São Roque do Pico) 71
Caldeira (Faial) 70
Caldeira (Flores) 76
Caldeira (Graciosa) 64
Caldeira Velha 54
Caldeirão 77
Caldeiras 53
Caldeirinha 63
Calheta (Madeira) 25, *83*
Calheta 64, 65, **66**, *84*
Calheta de Nesquim 73 f.
Caloura 48, 50
Camacha 27
Câmara de Lobos 27 ff., *84*
Caniçal **29 f.**, 32, 36
Caniço/Caniço de Baixo **30**
Capelas 54
Capelo 69, 70
Carapacho 63 f.
Castelo Branco 67, 70
Cedros 69
Cinco Ribeiras 61
Corvo, Insel 46, **77**, *78, 84*
Curral das Freiras 28

Diplomatische Vertretungen *81 f.*

Einkaufen *82*
Eira do Serrado 28 f.
Encumeada-Pass 41
Essen und Trinken 82 f.
Estreito de Câmara de Lobos 27 ff.

Fabrica de Licores Mulher de Capote
Faial (Madeira) **30 f.**, 39, *85*
Faial, Insel 46, **67 ff.**, 71, *78, 79, 81, 82, 84, 87, 88, 89*
Fajã da Caldeira de Santo Cristo 66
Fajã da Ovelha 25
Fajã das Almas (São Jorge) 66
Fajã das Almas (Flores) 77
Fajã de Baixo 48, 49
Fajã de Nogueira 37
Fajã do Ouvidor 66
Fajã dos Cubres 66
Fajã dos Padres 28
Fajã dos Vimes 66
Fajã Grande (São Jorge) 66
Fajã Grande (Flores) 76
Fajã São Jão 66
Farol da Ponta do Pargo 26

Farol de Gonçalo Velho 57
Fazenda de Santa Cruz 76
Feiertage, Feste 83
Feteira 70
Flora und Fauna 84
Flores, Insel 46, 75 ff., *78, 84*
Funchal (Madeira) **10–23**, 28, 45, *78, 84, 85*
– Casa Museu Frederico de Freitas 14, 18
– Convento de Santa Clara 14 f., 20
– Fortaleza de São Tiago 18
– Igreja do Colégio 13 f., 20
– Igreja de São Pedro 14
– Jardim Botânico da Madeira 21
– Jardim Palheiro Ferreiro/Blandy's Garden 21
– Jardim São Francisco 16
– Jardim Tropical Monte Palace 21
– Kathedrale Sé 12, 20
– Largo do Pelourinho 11
– Madeira Story Center 18 f.
– Madeira Wine Company (Instituto do Vinho da Madeira) 16
– Mercado dos Lavradores 10, 20
– Monte, Stadtteil 17
– Monte Palace 17, 19
– Museu de Arte Sacra 12 f., 19
– Museu de Fotografia Vicentes 14, 19
– Museu do Açúcar 15
– Museu do Vinho da Madeira 20
– Museu do Bordado 10 f.
– Museu do Instituto do Bordado, Tapeçarias e Artesanato 19
– Museu Municipal 14, 19
– Museu Quinta das Cruzes 15, 19
– Nossa Senhora do Monte 17
– Patricio 10
– Pregetter Jardim Orquída 21
– Quinta Magnólia 21
– Quinta Vigia 17
– Rathaus (Câmara Municipal) 13
– Santa Catarina, Park 17
Furna d'Agua 68
Furna de Frei Matias 74
Furna do Enxofre (Graciosa) 64
Furnas 50 f., *84*
Furnas do Enxofre (Terceira) 61

Garajau vgl. Caniço
Geld, Banken, Kreditkarten 85
Ginetes 54
Graciosa, Insel 46, **62 ff.**, *78, 81, 84*
Gruta das Torres 72
Grutas de São Vicente 41, 42

Hinweise für Menschen mit Behinderungen *85*
Horta **67 f.**, *82, 84*

Ilhas Desertas 24
Ilhéu da Praia 63
Internetzugang 85

Jardim do Mar 25

Kap Ferraria 54
Klima, Kleidung 85 f.

Lagoa 48, 49
Lagoa Azul, See 54
Lagoa Comprida 77
Lagoa das Furnas, See 50
Lagoa do Fogo, See 54
Lagoa Funda 77
Lagoa Verde, See 54
Lajes das Flores 75, 77
Lajes do Pico 72 f.
Levada do Furado 37
Levada-Wanderungen 37, *88*
Lomba 77
Lombadas 53

Register

Machico **31 f.**, 39, *84*
Madalena do Mar 34
Madalena do Pico 71
Madeira, Archipel **10–45**, *78, 79, 81, 82, 83 f., 85, 87, 88*
Madeira-Themenpark 38, 39, *85*
Maia **51 f.**
Maia 57
Manadas 66
Mata da Serreta 61
Metade-Tal 37
Medizinische Versorgung 87
Miradouro da Cruz 36
Miradouro da Encumeada 41
Miradouro do Pico do Ferro 51
Miradouro do Raminho 60
Miradouro Vigia 39
Mit Kindern 85
Morro das Capelas 54
Morro Grande 77
Mosteiros 54

Nordeste 51 f.
Norte Grande 66
Norte Pequeno 66
Notfälle 87

*Ö*ffentliche Verkehrsmittel *87*
Öffnungszeiten 87 f.

Parque das Sete Fontes 65
Parque Florestal 76
Parque Florestal da Praínha 74
Paso de Poiso 32 f.
Paúl de Serra, Hochebene 24, 33, 35
Paúl do Mar 25
Penha d'Águia 30
Pico Alto, Berg (Santa Maria) 56
Pico Alto, Berg (Pico) 70, 74
Pico Arieiro, Berg 24, 30, **33**, 42
Pico da Vara, Berg 51
Pico do Facho 32
Pico Ruivo, Berg 24, 30, **33**, 42
Pico Torre, Berg 27
Pico, Insel 46, 70 ff., *78, 79, 84, 88*
Piedade 25
Plantações de Chá Gorreana 52
Poço de Bacalhau 76
Ponta da Ilha 74
Ponta da Queimada 72
Ponta da São Lourenço 33
Ponta das Quatro Ribeiras 60
Ponta Delgada (Madeira) 33 f., 39
Ponta Delgada (São Miguel) **47 f.**, *78, 82, 84, 85, 87*
Ponta Delgada (Flores) 76
Ponta do Arnel 52
Ponta do Pargo 25 f.
Ponta do Queimado 61
Ponta do Sol 34, *84*
Ponta do Topo 66
Ponta dos Capelinhos 69 f.
Ponta Furada 70
Ponte de São Lourenço 33
Porta da Cruz 35
Portela 37
Porto Afonso 63
Porto Cachorro 74
Porto da Cruz 35
Porto de Salão 69
Porto Formoso 52
Porto Judeu 59
Porto Martins 59
Porto Moniz **35**, 43, *83*
Porto Rim 67 f.
Porto Santo, Insel 24, 33, **43 ff.**, *78, 84, 87, 88*
– Camacha 44
– Campo de Baixo 44
– Casa Colombo (Kolumbushaus) 44
– Museu do Cardina 44, 45
– Porto Santo (Vila Baleira), Ort 44 f.
Post 88
Povoação 51
Praia (Santa Maria) 56
Praia (Graciosa) 63
Praia da Norte 69
Praia da Vitória 59 f., *84*
Praia do Almoxarife 69
Praia do Pópulo 48
Praia dos Moinhos 51
Praia Ilhéu 51
Prazeres 25

Quinta Grande 29

*R*eisezeit *85 f.*
Ribeira Brava 36, *83 f.*
Ribeira Funda 69
Ribeira Grande 52 f.
Ribeira Quente 50 f.
Ribeira Seca *84*
Ribeirinha 69
Ribeiro Frio 32, 37

Santa Bárbara (Santa Maria) 56 f.
Santa Bárbara (São Miguel) 54
Santa Cruz 37 f., *83*
Santa Cruz da Graciosa 62 f., *84*
Santa Cruz das Flores 75 f., *84*
Santa Maria, Insel 46, **55 ff.**, *78, 79, 81*
Santana **38 f.**, *83, 85*
Santo Amaro 74
Santo da Serra 39
Santo Espírito 57
São Brás 52
São Jorge, Insel 46, **64 ff.**, 71, *78, 79, 84, 88*
São Jorge (Madeira) 39
São Lourenço 32
São Mateus (Graciosa) 63
São Mateus (Pico) *84*
São Mateus da Calheta 61
São Miguel, Insel **46–55**, *78, 79, 81, 84, 87, 88, 89*
São Roque 48
São Roque do Pico 71, 74
São Vicente 37, **40 ff.**, *83*
Seixal 43
Serra Branca 63
Serra de Água 36 f., 41
Serra de Água de Pau 53 f.
Serra de Santa Bárbara 61
Sete Cidades 54
Sport und Erholung 88
Strom 88

Telefonieren *88 f.*
Terceira, Insel 46, 58 ff., *78, 79, 87, 88, 89*
Topo 66

*U*nterkunft *89*
Urzelina 65 f.

Varadouro 70
Velas 64 f.
Vila da Praia da Vitória 58
Vila de Água de Pau 48
Vila do Porto 55, 56
Vila Franca do Campo 48, **50**, *84*
Vila Novo do Corvo 77, *84*
Vista do Rei 54

Walfang, -beobachtung 9, **29 f.**, 36, 48, 54, 60, 61, 68, **72 ff.**, *88*

*Z*eitzone *89*
Zoll 89
Zona das Adegas 74

95

Bildnachweis und Impressum

Bildnachweis

Associacão de Turismo dos Açores: S. 3 o. Mitte, 59, 69, 70, 72, 89
Fotolia/Alex Cher: S. 30; Acanthurus666: S. 39; Juan Alonso: S. 11; Arraial: S. 23; Hassan Bensliman: S. 4/5; Yvonne Bogdanski: S. 34; Alex Brosa: S. 2 o. r., 38; Nathalie Diaz: S. 86; John Hofboer: S. 18; Winston Lue: S. 81; Johannes Lüthi: S. 3 o. l., 67; Nathalie Pecqueur: S. 85; Cornelia Pithart: S. 58; Stéphane Stroobant: S. 33; Philippe Surmely: S. 50
Rainer Hackenberg, Köln: S. 2 o. Mitte, 15, 20, 25, 26 u., 31, 40/41
Instituto de Turismo de Portugal/Fernando Chaves: S. 77; Paulo Magalhães: S. 57, 75
iStockphoto/Simas2: S. 43
Gerold Jung, Ottobrunn: Schmutztitel (S. 1), S. 2 o. l., 16, 21, 24, 32, 36, 46, 53
Rolf Osang/laif, Köln: S. 3 o. r., 63, 73
Frank Papenbrook (GFDL-Bild): S. 28 u.
Raach/laif, Köln: S. 49, 55, 60, 65, 84
Regiao de Turismo do Algarve: S. 62
Werner Tobias, Osnabrück: S. 7, 19 o., 40 o., 45
Turismo da Madeira/DRTM: S. 29
Vista Point Verlag (Archiv), Köln: S. 6, 9, 10, 26 o., 47, 51, 68, 76
www.pixelio.de: S. 13, 14, 17, 28 o., 42, 80, 82

Schmutztitel (S. 1): Das Blumenfest in Funchal auf Madeira verzaubert im April Einheimische wie Touristen
Seite 2/3 (v. l. n. r.): Madeiras Steilküste, Korbmacher in Camacha auf Madeira, Santana an Madeiras Nordküste, Mühle bei Horta, Pico Alto, Walbeobachtung auf Pico

Konzeption, Layout und Gestaltung dieser Publikation bilden eine Einheit, die eigens für die Buchreihe der **Go Vista City/Info Guides** entwickelt wurde. Sie unterliegt dem Schutz geistigen Eigentums und darf weder kopiert noch nachgeahmt werden.

© Vista Point Verlag GmbH, Händelstr. 25–29, D-50674 Köln
2., aktualisierte Auflage 2013
Alle Rechte vorbehalten
Verlegerische Leitung: Andreas Schulz
Reihenkonzeption: Vista Point-Team
Bildredaktion: Andrea Herfurth-Schindler
Lektorat: Eszter Kalmár, 2. Auflage: Kristina Linke
Layout und Herstellung: Kerstin Hülsebusch-Pfau
Reproduktionen: Henning Rohm, Köln
Kartographie: Kartographie Huber, München
Druckerei: Colorprint Offset, Unit 1808, 18/F., 8 Commercial Tower, 8 Sun Yip Street, Chai Wan, Hong Kong

ISBN 978-3-86871-893-5

An unsere Leser!
Die Informationen dieses Buches wurden gewissenhaft recherchiert und von der Verlagsredaktion sorgfältig überprüft. Nichtsdestoweniger sind inhaltliche Fehler nicht immer zu vermeiden. Für Ihre Korrekturen und Ergänzungsvorschläge sind wir daher dankbar.

VISTA POINT VERLAG
Händelstr. 25–29 · 50674 Köln · Postfach 270572 · 50511 Köln
Telefon: 0221/92 16 13-0 · Fax: 0221/92 16 13-14
www.vistapoint.de · info@vistapoint.de